Metaphysica 501-623
Philosophia generalis
147 I

ALEXANDER GOTTLIEB BAUMGARTEN

Texte zur Grundlegung der Ästhetik

Übersetzt und herausgegeben von
HANS RUDOLF SCHWEIZER

Lateinisch - Deutsch

FELIX MEINER VERLAG
HAMBURG

PHILOSOPHISCHE BIBLIOTHEK BAND 351

Gedruckt mit Unterstützung der Förderungs- und Beihilfefonds
Wissenschaft der VG Wort GmbH, Goethestr. 49, 8000 München 2

CIP-Kurztitelaufnahme der Deutschen Bibliothek

Baumgarten, Alexander Gottlieb:
Texte zur Grundlegung der Ästhetik : lat.-dt.
/ Alexander Gottlieb Baumgarten. Übers. u. hrsg. von
Hans Rudolf Schweizer. – Hamburg : Meiner, 1983.
  (Philosophische Bibliothek ; Bd. 351)
  ISBN 3-7873-0573-4
NE: Schweizer, Hans Rudolf [Hrsg.]; GT

© Felix Meiner Verlag, Hamburg 1983. Alle Rechte, auch die des auszugsweisen Nachdrucks, der fotomechanischen Wiedergabe und der Übersetzung, vorbehalten. Dies betrifft auch die Vervielfältigung und Übertragung einzelner Textabschnitte, durch alle Verfahren wie Speicherung und Übertragung auf Papier, Transparente, Filme, Bänder, Platten und andere Medien, soweit es nicht §§ 53 und 54 URG ausdrücklich gestatten. Satz: Migra, München. Druck: Proff, Bad Honnef. Einband: Himmelheber, Hamburg. Printed in Germany.

INHALT

Einführung. Von Hans Rudolf Schweizer VII
Hinweise zur Textgestaltung und zur Übersetzung .. XXIII

Alexander Gottlieb Baumgarten

I. Metaphysica (Lateinisch — Deutsch)
   3. Teil: Die Psychologie, §§ 501—623 1
   Einleitung 3
   1. Kapitel: Die Erfahrungspsychologie 3
      1. Abschnitt: Die Wirklichkeit der Seele 3
      2. Abschnitt: Das untere Erkenntnisvermögen 9
      3. Abschnitt: Der Sinn 17
      4. Abschnitt: Die Phantasie (Einbildungskraft) 29
      5. Abschnitt: Das Vermögen durchdringender Einsicht 35
      6. Abschnitt: Das Gedächtnis 41
      7. Das Dichtungsvermögen 45
      8. Das Vermögen der Voraussicht 49
      9. Abschnitt: Das Urteilsvermögen 55
     10. Abschnitt: Das Erwartungs- und Ahnungsvermögen 59
     11. Abschnitt: Das Bezeichnungsvermögen .. 63

II. Philosophischer Briefe zweites Schreiben 67

III. Philosophia generalis (Lateinisch — Deutsch)
   § 147 I 73

IV. Aesthetica
   § 1 79
   § 1 aus der Vorlesungsnachschrift, aus:
   A. G. Baumgarten, Kollegium über die Ästhetik 79

Anmerkungen des Herausgebers 85
Literatur 101
Namenregister 104
Sachregister 105

EINFÜHRUNG

Die Ästhetik gilt als Philosophie der Kunst. Von dieser geläufigen Auffassung her ist der Zugang zu Alexander Gottlieb Baumgarten, dem Begründer der philosophischen Ästhetik, nicht leicht zu gewinnen. Soweit das Thema der Ästhetik auch bei Baumgarten die Kunst ist, muß ein sehr weiter Kunstbegriff vorausgesetzt werden, der fast alle Gebiete methodisch fundierter Produktivität umfaßt. Doch ist die Ästhetik gemäß der endgültigen Definition in der „Aesthetica" (§ 1) die „Wissenschaft der sinnlichen Erkenntnis". Sie reflektiert also primär nicht die Gesetze künstlerischer Gestaltung oder die Rolle der Kunst in der Gesellschaft, sondern die konkrete, sinnliche Wirklichkeitserfahrung. Sie nimmt die Aktivität der Sinne nicht als bloßen Reiz und als Material für den Verstand, sondern als eine eigenständige Form der Erkenntnis ernst. Damit steht sie im Spannungsfeld der Auseinandersetzung zwischen rationalem Denken und intuitiver Wahrnehmung.

Dieser philosophische Ansatz Baumgartens ist freilich fast ohne Wirkung geblieben. Seine in einem gedanklich dichten, zum Teil künstlerisch anspruchsvollen, aber auch schwer zugänglichen Latein geschriebene „Aesthetica" (1750/58) ist offensichtlich wenig gelesen und noch weniger interpretatorisch erarbeitet worden. Ihre Hauptgedanken sind auch heute weitgehend unbekannt, wenn auch in den letzten Jahren ein zunehmendes Interesse für das Werk, das der philosophischen Ästhetik ihren Namen gab, zu beachten ist[1].

Welches sind die Ursachen dieses Tatbestandes? Zunächst hat sich die schriftstellerische Tätigkeit G. F. Meiers, des erfolgreichsten Schülers Baumgartens, von Anfang an

---

[1] Vgl. [34, 35, 36, 39]*.
* Zahlen in eckigen Klammern verweisen auf die entsprechenden Nummern des Literaturverzeichnisses dieser Ausgabe.

ungünstig auf die Rezeption der „Aesthetica" ausgewirkt. Meier hat zum Teil aufgrund der von Baumgarten seit 1742 vorgetragenen ästhetischen Vorlesungen noch vor der Publikation der „Aesthetica" seine „Anfangsgründe aller schönen Wissenschaften" (1748) herausgegeben und mit seinem Ideal des „Ästhetikers", den er — Baumgartens rationalismuskritische Tendenz popularisierend — gegen die „schulfüchsische, düstere Creatur" des „Stubengelehrten" ausspielt[2], die weitere Entwicklung vorgezeichnet: „Ästhetik" wurde schnell zum Modewort[3].

Die Schwierigkeiten der Rezeption Baumgartens liegen freilich vor allem in der Sache selbst begründet. Die Philosophie der sinnlichen Erkenntnis hat es schwer, unter der Herrschaft der wissenschaftlichen Ratio ernst genommen zu werden. Sie ist innerhalb der logoszentrierten abendländischen Philosophie nur in der skeptischen und der phänomenalistischen Tradition bis zu einem gewissen Grad zum Zug gekommen. Zudem ist der eigentümliche Doppelansatz, mit dem Baumgarten das Gebiet der sinnlichen Aktivität und Produktivität zu erfassen sucht, seit Herder[4] meist negativ bewertet worden[5]. Dieser Doppelansatz ist in der Definition der Ästhetik, wie sie in der „Metaphysica", dem ersten Hauptwerk Baumgartens, vorliegt, unmittelbar nachzuweisen: „Scientia sensitive cognoscendi *et proponendi* est aesthetica" (§ 533). Die Ästhetik ist also — in genauer Anknüpfung an das griechische Adjektiv αἰσθητικός — die „Wissenschaft der sinnlichen Erkenntnis", aber auch — gemäß der Tradition der antiken Poetik und

---

[2] G. F. Meier, Anfangsgründe aller schönen Wissenschaften 1 (1748), §§ 5; 15.

[3] Vgl. Jean Paul, Vorschule der Ästhetik (1804). Hist.-krit. Ausgabe 1/11 (1935) 13: „Von nichts wimmelt unsere Zeit so sehr als von Ästhetikern."

[4] J. G. Herder, Kritische Wälder. Viertes Wäldchen (1769), Werke, hrsg. v. Suphan, Bd. 4, 22f.

[5] Von einem „überaus fruchtbaren Doppelansatz" spricht H. Niehues-Pröbsting in: Kolloquium Kunst und Philosophie 1: Ästhetische Erfahrung, hrsg. v. W. Oelmüller, UTB Nr. 1105 (1981) 96.

Rhetorik – die Theorie der „sinnlichen Darstellung" oder des „sinnlichen Ausdrucks".

Die Verbindung dieser beiden Aspekte: Ästhetik als Philosophie der sinnlichen Erkenntnis und als Philosophie der Kunst, ist für Baumgarten selbst noch kein Problem. Er wechselt in der „Aesthetica" oft in gleitenden Übergängen ohne Markierung zwischen ihnen hin und her und bringt damit zum Ausdruck, daß für ihn der Erwerb der sinnlichen Erkenntnis selbst und ihr Ausdruck in der künstlerischen Gestaltung untrennbar verbunden sind. Diese Zusammengehörigkeit ist für ihn so selbstverständlich, daß er keine Bedenken hat, die Definition der Ästhetik im ersten Paragraphen der „Aesthetica" zu kürzen: „Aesthetica est scientia cognitionis sensitivae". Die Ästhetik ist also nach ihrem wesentlichen Gehalt die „Wissenschaft der sinnlichen Erkenntnis" allein. Der Begriff der „sinnlichen Erkenntnis" hat für Baumgarten offenbar gleichzeitig rezeptive *und* produktive Bedeutung, so daß er keiner Ergänzung bedarf.

Diese Deutung wird durch den in der vorliegenden Textsammlung abgedruckten § 1 der anonymen Nachschrift der Vorlesung Baumgartens bestätigt. Aus diesem Text geht hervor, daß man Baumgarten die Kürzung zum Vorwurf gemacht hat. Die Argumente, mit denen er offenbar versucht hat, den Vorwurf zu entkräften, gehen in folgende Richtung: Der ergänzende Ausdruck „et proponendi", der in allen Auflagen der „Metaphysica" in der Definition der Ästhetik wiederkehrt, ist aus verschiedenen Gründen zu streichen: Er erweckt den Eindruck, daß die Ästhetik mit der Poetik und der Rhetorik, in deren Rahmen sie gestellt ist, identisch sei. Die Ästhetik sollte aber auch auf die bildenden Künste und die Musik angewendet werden können. Wollte man das „proponere" (darlegen, darstellen) durch „signare" (bezeichnen) ersetzen, so erwiese sich der Zusatz deshalb als hinfällig, weil das, was er zum Ausdruck bringt, im Begriff der sinnlichen Erkenntnis bereits enthalten ist.

Die vorliegende Textauswahl enthält Vorarbeiten Baumgartens zur Begründung der Ästhetik aus der Verbindung der beiden Gesichtspunkte. Kernstück ist derjenige Teil der

„psychologia empirica" aus der „Metaphysica" (1739), in dem die erkenntnispsychologischen Aspekte des „untern", also des „sinnlichen Erkenntnisvermögens", behandelt sind, das im § 533 als das Gebiet der Ästhetik bezeichnet wird. Diese Textpartien werden in einer neuen Übersetzung vorgelegt. Es folgen kleinere Textausschnitte, in denen das ästhetische Denken Baumgartens in jeweils anderer sprachlicher Form in Grundzügen zur Darstellung gelangt: der zweite der „Philosophischen Briefe von Aletheophilus" (1741), wo die Konzeption der Ästhetik die größte Erweiterung erfährt; der § 147 der aus dem Nachlaß herausgegebenen „Philosophia generalis" (ca. 1742), der eine enzyklopädische Übersicht über die Teilgebiete der Ästhetik enthält, in der vor allem die Dominanz der Mantik ins Auge fällt, und schließlich die endgültige Definition der Ästhetik im § 1 der „Aesthetica" samt den entsprechenden Partien der Vorlesungsnachschrift (1750/51), in denen die Rechtfertigung ihrer Kürzung auf die prägnante Formel „scientia cognitionis sensitivae" enthalten ist.

I

Die 1739 erstmals erschienene „Metaphysica" [2] war als Grundlage für den erläuternden Unterricht in Vorlesungsform gedacht. Kant hat das Werk jahrzehntelang in seinen Vorlesungen benützt[6], er nannte es, wohl im Hinblick auf die meisterhafte Knappheit vieler Formulierungen und die Dichte der Gedankenführung, „das nützlichste und gründlichste unter allen Handbüchern seiner Art"[7]. Dennoch

---

[6] M. Wundt, Die deutsche Schulphilosophie im Zeitalter der Aufklärung (Tübingen 1945) 220.
[7] I. Kant, Akad.-Ausgabe 1, 503: „Ich werde die Metaphysik über das Handbuch des Herrn Prof. Baumgarten vortragen. Die Schwierigkeiten der Dunkelheit, die dieses nützlichste und gründlichste unter allen Handbüchern seiner Art zu umgeben scheinen, werden, wo ich mich nicht zu sehr schmeichle, durch die Sorgfalt des Vortrags und ausführliche schriftliche Erläuterungen gehoben

Einführung XI

ist es seit G. F. Meier nicht mehr übersetzt und nie auch nur auszugsweise kommentiert worden[8].
Nach dem Vorbild von L. P. Thümmig, der 1725/26 das älteste Lehrbuch im Dienste der Wolffschen Schulphilosophie herausgegeben hat[9], ist die „Metaphysica" in Ontologie, Kosmologie, Psychologie und Theologie eingeteilt. In diesem Rahmen nimmt die „psychologia empirica" eine besondere Stellung ein. Sie beansprucht mit ihren 235 Paragraphen einen viel größeren Raum als die „psychologia rationalis" (59 Paragraphen); aber auch innerhalb ihres eigenen Aufbaus gibt Baumgarten dem „untern Erkenntnisvermögen" größeres Gewicht (104 Paragraphen) als dem „obern" (26 Paragraphen). Schon darin zeigt sich die Tendenz Baumgartens, dem Gebiet der „sinnlichen Erkenntnis" Raum zu schaffen und diese gegen die Dominanz der Rationalität zur Geltung zu bringen. Sie findet ihren Höhepunkt in der „Aesthetica", wo Baumgarten seine neue Wissenschaft der Logik auf gleicher Stufe zur Seite stellt, wo er die „schöne Fülle" (venusta plenitudo, § 585) der „Erscheinung" (phaenomenon) der durch Abstraktion erkauften Klarheit und Eindeutigkeit der rationalen Erkenntnis entgegensetzt und sich zu der berühmt gewordenen Frage hinreißen läßt: „Was bedeutet Abstraktion anderes als einen Verlust" (Quid enim est abstractio, si iactura non est, § 560)?
Eine Reihe von Abweichungen gegenüber der als Vorbild dienenden „Psychologia empirica" (1732) von Christian Wolff bestätigen die Richtung dieses Denkens: die Differenzierung der sinnlichen Erkenntnis voranzutreiben. Im

---

werden. Mich dünkt, es sei mehr als allzu gewiss, daß nicht die Leichtigkeit, sondern die Nützlichkeit den Wert einer Sache bestimmen müsse, und daß, wie ein sinnreicher Schriftsteller sich ausdrückt, die Stoppeln ohne Mühe oben fließend gefunden werden, wer aber Perlen suchen will, in die Tiefe herabsteigen müsse."

[8] Eine knappe, konzentrierte Darstellung einiger Aspekte der „psychologia empirica" Baumgartens bietet U. Franke in [35] 37f.
[9] Vgl. Wundt (Anm. 6) 212.

Gegensatz zu den „Meditationes" [1], wo Baumgarten im genauen Anschluß an Wolff noch vom „untern Teil des Erkenntnisvermögens" (§ 3) spricht, nimmt er hier bereits ein selbständiges „unteres Erkenntnisvermögen" an (§ 520). Noch mehr fällt ins Gewicht, daß die Liste der „untern Erkenntnisvermögen" bedeutend erweitert ist: Zusätzlich zu den Wolffschen Kapiteln über „sensus" (Sinn), „imaginatio" (Einbildungskraft), „facultas fingendi" (Dichtungsvermögen) und „memoria" (Gedächtnis) finden wir Abschnitte über „perspicacia" (Vermögen durchdringender Einsicht), „praevisio" (Voraussicht), „iudicium" (Urteilsvermögen), „praesagitio" (Erwartungs- und Ahnungsvermögen) und „facultas characteristica" (Bezeichnungsvermögen). Daraus geht zunächst hervor, daß Baumgarten die zeitliche Dynamik, vor allem die Zukunftsbezogenheit, im gleichen Zug des Denkens aber auch die wertende Funktion und die Ausdrucksbedeutung der sinnlichen Erkenntnis zur Geltung bringen will. Darüberhinaus weist das Nebeneinander von Aspekten der Erkenntnispsychologie und Aspekten der dichterischen und allgemein sprachlichen Ausdrucksfähigkeit auf die eingangs erwähnte, für Baumgarten charakteristische Verbindung von erkenntniskritischem und künstlerischem Denken hin[10].

Alle Abschnitte dieser „untern Erkenntnislehre" (gnoseologia inferior) sind auf den ganz im Geist der Monadologie von Leibniz konzipierten Begriff der „Vorstellungskraft" (vis repraesentativa), der mit dem Begriff der „Seele" gleichgesetzt wird, ausgerichtet (§ 506). Dieser Begriff kehrt in allen Abschnitten regelmäßig wieder. Alle von Baumgarten erörterten Aspekte der sinnlichen Erkenntnis gehen also auf ein und dieselbe „Kraft der Seele" zurück, „sich die Welt zu vergegenwärtigen". Dabei wird das von Leibniz her bekannte Kriterium der Nichtanalysierbarkeit sinnlicher Empfindungen[11] im positiven Sinne dahin ergänzt, daß gerade die durch die Vielfalt der Merkmale gekennzeichneten, zugleich klaren und lebhaften sinnlichen

---

[10] Vgl. [36] 46f., 72f.
[11] Vgl. [35] 46.

Vorstellungen geeignet sind, der Komplexität der Erscheinungen gerecht zu werden.

Vor allem aber gewinnt der Begriff der „Dunkelheit" und der „dunklen Vorstellungen" (perceptiones obscurae) — in Übereinstimmung mit der Lehre von den „petites perceptions" bei Leibniz — ausdrücklich eine positive Bedeutung. Baumgarten übernimmt zunächst von Wolff die Gegenüberstellung eines „Reiches der Dunkelheit" (regnum tenebrarum) und eines „Reiches des Lichts" (regnum lucis) (§ 518). Während aber Wolff in der „Dunkelheit" bloß einen Mangel zu sehen vermag, bilden die „dunklen Vorstellungen" für Baumgarten in ihrer Gesamtheit den „Grund der Seele", wie er selbst den Begriff des „fundus animae" übersetzt (§ 511).

Dieser „Grund der Seele", der „noch vielen Philosophen unbekannt" sei, gewinnt dort, wo auch die affektiven Momente der Erkenntnis einbezogen werden, noch besondere Bedeutung. So formuliert Baumgarten im § 80 der „Aesthetica" unter Berufung auf die Psychologie unter dem Titel „Ästhetische Begeisterung": „Die Psychologen wissen, daß unter der Einwirkung einer solchen Begeisterung die ganze Seele ihre Kräfte anspannt, daß so gleichsam der Grund der Seele als Ganzes höher gehoben und von größerem Atem erfüllt wird und daß sie daher willig darbietet, was wir vergessen oder noch nicht erfahren zu haben und was wir niemals voraussehen zu können schienen."[12]

Aus dem gleichen Denken stammt das der „lex continui" (Gesetz der Kontinuität) von Leibniz entsprechende Prinzip der Steigerung, das in analoger Wiederaufnahme in allen Abschnitten der „untern Erkenntnislehre" wiederkehrt: §§ 539, 565, 573, 584, 592, 599, 606, 614, 622. Obwohl in diesen Paragraphen die quantitativen Aspekte gegenüber den qualitativen eher überwiegen, ist dieses Denken nach dem Prinzip der kontinuierlichen Steigerung auf den Reichtum der sinnlichen Erscheinungen ausgerichtet, der in möglichst hohem Masse vergegenwärtigt werden soll. Es liegt in der Konsequenz dieser Zielsetzung,

---

[12] [36] 317.

daß Baumgarten in der „Aesthetica" an entscheidenden Stellen die Distinktion von „wahr" und „falsch" angesichts der nie verfügbaren „Fülle" (ubertas) und „Größe" (magnitudo) der Erscheinungen durch eine Abstufung der Wahrheitsgrade ersetzt[13].

In den sieben Auflagen, die das Werk von 1739 bis 1779 erreicht hat, sind die Abschnitte über die „untern Erkenntnisvermögen" weitgehend unverändert geblieben. Erweiterungen sind vor allem dort anzutreffen, wo Baumgarten den Begriff der „Ästhetik" im Sinne einer neuen terminologischen Fixierung eingeführt hat. Dies gilt für die §§ 533, 544, 570, 575, 587, 592, 604, 607, 610, 622. Hier hat Baumgarten in der zweiten Auflage (1742) durch Zusätze zum Ausdruck gebracht, daß er entsprechend der schon in der ersten Auflage vollzogenen Identifikation von „Ästhetik" und „Wissenschaft der sinnlichen Erkenntnis" auch die Teilgebiete des „untern Erkenntnisvermögens" zur Ästhetik rechnet. Ein solches Teilgebiet hatte er schon in der ersten Auflage dem Ästhetikbegriff untergeordnet: der § 587 erklärt die „Gedächtniskunst" zu einem „Teil der Ästhetik" selbst. Dazu treten später folgende Teilgebiete: „empirische Ästhetik" (§ 544), „Ästhetik der Phantasie" (§ 570), „Ästhetik der durchdringenden Einsicht" (§ 575), „mythische Ästhetik" (§ 592), „Mantik" als „Teil der Ästhetik" (§ 604), „kritische Ästhetik" (§ 607), „Erwartungen (Ahnungen)" als „Gegenstände der ästhetischen Mantik" (§ 610), „Ästhetik des Bezeichnungsvermögens" (§ 622).

Die Änderungen, die der § 533 erfahren hat, verdienen eine spezielle Behandlung. Dieser Paragraph formuliert in allen Auflagen die schon in den „Meditationes" (§ 115) vorbereitete Definition der Ästhetik. Doch ist in der Abfolge der Auflagen ein charakteristisches Schwanken Baumgartens zu beobachten: In der ersten Auflage figurieren die Begriffe „Rhetorik" und „Poetik" als Synonyme zu „Ästhetik", in der zweiten steht an deren Stelle „Logik des untern Erkenntnisvermögens" (logica facultatis cog-

---

[13] [4] § 440/41. Vgl. [36] 44f.

noscitivae inferioris)[14], in der vierten Auflage dagegen (1757) stoßen wir auf eine noch weiter gehende Berücksichtigung der künstlerischen Sphäre als in der ersten. Hier sind die im § 1 der „Aesthetica" in der Klammer hinzugefügten Ausdrücke übernommen, wobei an die Stelle der „Theorie der freien Künste" die allgemeinere Wendung „Philosophie der Grazien und der Musen" getreten ist. Außerdem finden wir den deutschen Zusatz: „Wissenschaft des Schönen".

II

Im Jahre 1741 gab Baumgarten unter dem Pseudonym „Aletheophilus" (Wahrheitsfreund) eine philosophische Wochenschrift in Brieform heraus, die nach dem 26. Stück aufgegeben werden mußte. Diese „Philosophischen Briefe von Aletheophilus" [3] sind als einziges Dokument von Baumgarten in deutscher Sprache kostbar. Unter ihnen hat das „Zweite Schreiben" wegen der direkten Bezugnahme auf die Konzeption der Ästhetik in unserem Zusammenhang besondere Bedeutung.

Baumgarten geht im Rahmen der literarischen Verkleidung folgendermaßen vor: Er läßt sein Pseudonym von einem „Schattenriß zu einer philosophischen Enzyklopädie" berichten, der ihm von einem Bekannten ohne Angabe des Verfassers zugeschickt worden sei. Dieser „Schattenriß" ist mit einem Entwurf Baumgartens identisch, der die Stellung der Ästhetik innerhalb des Systems der philosophischen Wissenschaften bestimmt und der von J. Chr. Förster 1769 aus dem Nachlaß Baumgartens herausgegeben worden ist [7]. Nach diesem Hinweis läßt Baumgarten den Verfasser des Briefes sogleich auf den Kerngedanken zusteuern:

Wenn die „organische Philosophie" (oder die „Instrumentalphilosophie") „die Wissenschaft der Verbesserung des Erkenntnisses" sei, so dürfe sie nicht mit der Logik

---

[14] Vgl. u. S. 16/17.

schlechthin gleichgesetzt werden. Denn die Logik „habe zu ihrem Vorwurf nur den Verstand in seiner engern Bedeutung und die Vernunft", sie stelle nicht die *ganze* „organische Philosophie" dar. Weil wir „weit mehrere Vermögen der Seelen besitzen, die zur Erkenntnis dienen", müsse unter dem Oberbegriff der organischen Philosophie zu der Logik als dem Gebiet der Verstandeserkenntnis die Ästhetik treten, welche „die Gesetze der sinnlichen und lebhaften Erkenntnis" behandle. Damit bestreitet Baumgarten die Identität von Logik und organischer Philosophie und stellt der traditionellen Logik eine neu zu begründende „Ästhetik" gegenüber. Er „gesteht" aber zu, daß die organische Philosophie „auch im weiteren Verstande Logik genannt werden" könne.

Sowohl die entschiedene Abhebung der Ästhetik und ihre Gleichstellung gegenüber der Logik als auch die Konzession gegenüber dem Sprachgebrauch und der Schultradition, welche die Logik mit der organischen Philosophie schlechthin gleichsetzt, finden sich in allen Schriften Baumgartens, in denen die Begründung der Ästhetik zum Thema gemacht wird. In den „Meditationes" erscheint die neue Theorie der sinnlichen Erkenntnis zuerst als „Aufgabe der Logik im allgemeineren Sinn" (§ 115). Aber gleich anschließend steht die — an dieser Stelle zum erstenmal genannte — „Ästhetik" der Logik selbständig gegenüber: „Schon die griechischen Philosophen und die Kirchenväter haben immer genau zwischen $\alpha i\sigma\vartheta\eta\tau\acute{\alpha}$ und $\nu o\eta\tau\acute{\alpha}$ unterschieden ... Es sind also die $\nu o\eta\tau\acute{\alpha}$ als das, was mit Hilfe des oberen Erkenntnisvermögens erkannt wird, Gegenstand der Logik; die $\alpha i\sigma\vartheta\eta\tau\acute{\alpha}$ gehören der ästhetischen Wissenschaft, oder der Ästhetik an" (§ 116). Noch in der „Aesthetica" finden sich Stellen, wo der ausdrücklich im Sinne einer Konzession gegenüber dem allgemeinen Sprachgebrauch und zum Zwecke der besseren Verständlichkeit eingeführte Begriff „logisch im weiteren Sinne" die Selbständigkeit der Ästhetik wieder in Frage stellt (§ 424).

Die neue Wissenschaft, die dem Aletheophilus „um so viel weniger fremd vorkommt", als er ihren Namen „schon in einigen gedruckten akademischen Schriften bemerkt

hat"[15], wird nun ganz im Sinne der Definition der Ästhetik in der „Metaphysica" in die Künste, so sich mit der Erkenntnis selbst, und die, so sich mit dem lebhaften Vortrage hauptsächlich beschäftigen", eingeteilt. In der Folge geht Baumgarten aber nur noch auf den ersten Aspekt, denjenigen der „Erkenntnis selbst", ein. In keiner andern Schrift hat er diesen Gesichtspunkt auf ein so weites Gebiet angewendet. Ausgehend von den zwischen dem „untern" und dem „obern" Erkenntnisvermögen die Brücke bildenden Begriffen „Aufmerksamkeit" (attentio) und „Absonderung" (abstractio) erwähnt er in lockerer Form einige der Fähigkeiten, die in der „Metaphysica" in ein strenges System gebracht sind. Er prägt Begriffe wie „ästhetische Empirik" und „ästhetische Erfahrungskunst" und verlangt von dieser neuen Disziplin, daß sie den richtigen Gebrauch der „Waffen der Sinnen" oder der „Werkzeuge, durch welche wir klar zu empfinden in Stand gesetzt werden", also der „Vergrößerungs- und Ferngläser" oder der „Barometer, Thermometer" usw., lehre, deren sich die „versuchende Physik" bediene und deren Anwendung auch durch die „Arzneikunst" überwacht werden müsse.

Hier bricht der Verfasser des Briefes mit dem Hinweis auf Platz- und Zeitmangel ab. Die ästhetische Empirik, wie sie hier auf breiter Basis entworfen wird, ist von Baumgarten nie in Angriff genommen worden. Nur im Rahmen der Poetik und Rhetorik, in dem er sich sicher und frei bewegen konnte, war es ihm möglich, der Beunruhigung durch die erkenntniskritischen Grundfragen so weit nachzugeben, daß sich ein lebendiges Denken, wie es in der „Aesthetica" vorliegt, zu entwickeln vermochte.

III

Die vermutlich 1742 entstandene, erst aus dem Nachlaß herausgegebene „Philosophia generalis" [8] enthält nach

---

[15] Damit spielt Baumgarten auf seine Magisterarbeit, die „Meditationes" [1], an.

dem § 8 der „Sciagraphia encyclopaediae philosophicae" (1741) dasjenige, was „vor der vollständigeren Behandlung der philosophischen Enzyklopädie" gegeben werden müsse. Sie wird an der gleichen Stelle in einem deutschen Zusatz als „vorläufige Einleitung in die Weltweisheit" bezeichnet und im anschließenden § 9 ungefähr so skizziert, wie sie als selbständige Schrift ausgeführt worden ist. Obwohl sie also als bloße Einleitung zu der umfassenden Enzyklopädie gedacht ist, bietet sie im § 147 mit geringen Abweichungen nichts anderes als eine skizzenhafte Abbreviatur dessen, was in der „Sciagraphia" in den §§ 25—122 breiter ausformuliert ist. Der § 147 fällt gemeinsam mit den beiden nachfolgenden Paragraphen auch in dem Sinne aus dem Rahmen der Schrift, daß er statt eines kurzen, aus Thesen und Schlußfolgerungen bestehenden Gedankengangs ein möglichst lückenloses, bis zu achtfacher Unterteilung verästeltes System der Ästhetik und der Logik enthält. Dabei fällt auch hier das außerordentliche Übergewicht der Ästhetik gegenüber der Logik in die Augen: zwölf Seiten stehen im Original einer einzigen gegenüber.

Baumgarten beginnt mit einer Aufzählung der „untern Erkenntnisvermögen", die im wesentlichen mit der „psychologia empirica" übereinstimmt. Der Begriff „Kunst der Erdichtung" (ars fingendi) regt ihn zum ersten Mal zu größerer Ausführlichkeit an. Ungewöhnlich breit entwickelt er dann unter dem Begriff „Kunst der Voraussicht und der Vorahnung" das System der Mantik. Der Herausgeber, J. Chr. Förster, glaubt sich dafür entschuldigen zu müssen, daß er diesen umfangreichen, den Rahmen sprengenden Abschnitt überhaupt aufgenommen habe. Er gesteht, daß er den ganzen Passus über die Mantik zuerst habe fallen lassen wollen, dann aber aus Pietät dem Lehrer gegenüber dennoch abgedruckt habe[16]. Von der „Aestheti-

---

[16] [7] discursus praeliminaris § 12: „Fateor in edendo hoc libello me antea consilium reiiciendi omnem illum titulum, qui est de divinationibus, cepisse; sed, dum alienum scriptum edo, demum iudicavi, melius esse futurum, cogitationes alius sine ulla mutatione exscribendas curare, ut ne de alienis disposuisse viderer."

ca" her fällt freilich ein deutliches Licht auf diese seltsame Aufzählung divinatorischer Möglichkeiten bis hin zum Wahrsagen aus Pflanzen, Nägeln, Fossilien, Kadavern. In den immer neuen Unterteilungen verrät sich zunächst Baumgartens Neigung, sich den sinnlich erscheinenden Phänomenen so weit wie möglich anzunähern. Daß er dieser Neigung gerade im Bereich der Mantik nachgibt, zeigt außerdem, daß er von der Zeichenhaftigkeit und Bedeutungsfülle der Phänomene gleichsam angezogen ist.

In der „Sciagraphia" wird das ganze System der Mantik als ein Teil der „Zeichenkunde" (ars characteristica) definiert (§ 80). Denn die Mantik ist die Kunst, die Zeichen zu verstehen und zu deuten. Doch umfaßt die Zeichenkunde nach dem § 147 der „Philosophia generalis" nicht nur die „Fähigkeit, Zeichen und Bezeichnetes miteinander zu verbinden" ([2] § 619), sondern ausdrücklich auch die „Kunst der Bezeichnung" (ars signandi) selbst. Sie hat also nicht nur rezeptive, sondern auch produktive Bedeutung. Im Rahmen der unter diesem Doppelaspekt stehenden Zeichenkunde entwickelt Baumgarten ein im Hinblick auf die Ausführlichkeit und den Stil der Darstellung mit dem System der Mantik vergleichbares System der dichterischen Gestaltungsformen. Denn die Poetik, so wie er sie versteht, lehrt die Anwendung der richtigen Zeichen oder Ausdrucksmittel der Sprache. Der Unterschied liegt freilich auf der Hand: Das System der dichterischen Gestaltungsformen stand Baumgarten in zahlreichen Poetiken des 17. und 18. Jahrhunderts zur Verfügung, während er bei der Mantik ein besonderes, eigenwilliges Interesse zu verfolgen scheint. Wie ein Nachklang aus dem Kapitel über die Mantik wirkt es, wenn er nun auch die Physiognomik, also die Kunst, aus der äußern Erscheinung auf das Wesen des Menschen zu schließen, zu der Zeichenkunde rechnet.

IV

Nach dem Zeugnis der Vorlesungsnachschrift rechnet Baumgarten damit, daß der Begriff der neu konzipierten

Ästhetik auf Unverständnis stossen könnte. Aus dieser Erwartung heraus sieht der unbekannte Zuhörer Baumgartens, dessen Aufzeichnungen handschriftlich überliefert sind, die Beifügung der im ersten Paragraphen der „Aesthetica" in Klammer gesetzten Begriffe motiviert. Er legt seinem Lehrer folgende Worte in den Mund: „Unser erster Paragraph schlägt noch verschiedene andere Benennungen vor, wann man an Leute kommen sollte, denen die erste Benennung unbekannt wäre." Die beigefügten Begriffe sind tatsächlich entweder aus der Wolffschen Schulphilosophie oder aus der zeitgenössischen Literatur überhaupt bekannt. Es leuchtet ein, daß sie die ersten Leser und Zuhörer Baumgartens leichter angesprochen haben als der Hauptbegriff selbst.

Die vier synonymen umschreibenden Begriffe stammen freilich aus verschiedenen Sphären. Ein wie großes Feld der Ausdruck „freie Künste" umspannt und wie unterschiedlich er im 18. Jahrhundert verwendet wird, davon gibt das „Philosophische Lexikon" von J. G. Walch einen Begriff[17]. Wenn Baumgarten die Ästhetik nicht nur als Philosophie der sinnlichen Erkenntnis, sondern auch als Philosophie der Kunst konzipiert, dann in dem Sinne, daß sie die theoretischen Grundlagen für alle Möglichkeiten produktiver Gestaltung enthalten soll. Als „analogon rationis" bezeichnet Wolff in der Nachfolge von Leibniz die den Menschen und Tieren gemeinsame Fähigkeit, Zusammenhänge zwischen Vorstellungen intuitiv zu erfassen[18]. Dieser Begriff bezeichnet, nach dem genauen Wortsinn, ein Denken, das dem Denken der Vernunft analog ist, ihm also gleichwertig gegenübersteht. Wenn Wolff selbst in seinen deutschen

---

[17] J. G. Walch, Philosophisches Lexikon (Leipzig 1740) Sp. 1599: „Was die so genannten artes liberales, oder die freien Künsten sein, und eigentlich in sich fassen, hierüber findet man gar unterschiedene Meinungen. Einige verstehen darunter alle Künste und Wissenschaften; andere alle weltliche Gelehrsamkeit; noch andre alle Künste und philosophische Disciplinen."
[18] Vgl. u. Anm. 201.

Schriften vom „Ähnlichen der Vernunft"[19] spricht, so ist der Gedanke der Analogie zum Teil verwischt. Durch die Ästhetik Baumgartens erfährt der Begriff des „analogon rationis" eine ausgesprochene Erweiterung und Vertiefung. Er umfaßt nach dem § 640 der „Metaphysica" den „sinnlichen Geist" (ingenium sensitivum), den „sinnlichen Scharfsinn" (acumen sensitivum), das „sinnliche Gedächtnis" (memoria sensitiva), die „Fähigkeit zu dichten" (facultas fingendi), das „Urteilsvermögen" (facultas diiudicandi), die „Erwartung ähnlicher Fälle" (exspectatio casuum similium) und das „sinnliche Bezeichnungsvermögen" (facultas characteristica sensitiva). Wenn das „analogon rationis" die Gleichstellung von Ästhetik und Logik bestätigt, so setzt der Begriff der „untern Erkenntnislehre" dagegen die unterschiedliche Bewertung der rationalen und der sinnlichen Erkenntnis noch voraus; er entspricht der von Wolff stammenden, in der „Metaphysica" Baumgartens noch ohne Einschränkung durchgehaltenen Unterscheidung zwischen „oberem" und „unterem Erkenntnisvermögen". Der Ausdruck „Kunst des schönen Denkens", der von Baumgarten nirgends näher erläutert wird, verbindet schließlich in einfacher und prägnanter Form das Denken mit der Kunst.

Wie schon eingangs erwähnt, enthält der § 1 der Vorlesungsnachschrift den nur hier faßbaren Hinweis darauf, daß Baumgarten die Kürzung der Definition der Ästhetik in der „Aesthetica" zum Vorwurf gemacht worden ist. Die Art und Weise, wie der unbekannte Hörer der Ästhetikvorlesung Baumgarten sich mit diesem Vorwurf auseinandersetzen läßt, vermittelt uns möglicherweise einen nähern Einblick in den Stil und die Atmosphäre dieser Vorlesung, der die „Aesthetica" selbst offenbar als Grundlage gedient hat. Zwar ist der Verfasser der Nachschrift dem gedanklichen Ansatz Baumgartens nicht gewachsen: gerade die philosophisch zentralen und schwierigen §§ 559—562

---

[19] Chr. Wolff, Vernünftige Gedanken von Gott, der Welt und der Seele des Menschen, 8. Aufl. (Halle 1741) § 377.

fehlen in seinem Text. Aber die Naivität und Unbefangenheit seiner Sprache läßt mehr von dem als „angenehm", „lichtvoll", ja „hinreißend"[20] bezeichneten Vortrag Baumgartens durckblicken, als man auf den ersten Blick anzunehmen geneigt ist.

---

[20] E. Bergmann, G. F. Meier als Mitbegründer der deutschen Ästhetik (Leipzig 1910) 6.

HINWEISE ZUR TEXTGESTALTUNG UND ZUR ÜBERSETZUNG

I. Der lateinische Text beruht auf der 7. Auflage der „Metaphysica" (Halle 1779), die in photomechanischer Wiedergabe bei Olms (Hildesheim 1969) nachgedruckt worden ist. Da also schon ein Faksimiledruck vorliegt, ist zugunsten besserer Lesbarkeit die Orthographie modernisiert (z. B. universalis statt vniuersalis), die Interpunktion vereinfacht. Offensichtliche Druckfehler sind stillschweigend verbessert. Die in Klammern gesetzten Paragraphenzahlen beziehen sich alle auf die „Metaphysica" selbst. Sie sind im deutschen Text zugunsten der Lesbarkeit weggelassen. Unter ihnen verweist eine größere Anzahl auf Paragraphen, die im abgedruckten Textteil nicht enthalten sind. Diese Paragraphen sind in den Anmerkungen zum Teil ganz abgedruckt und übersetzt, zum Teil in Grundzügen zusammengefaßt. Damit wird dem Leser ein Einblick in das Ganze der „Metaphysica" und ein Eindruck davon vermittelt, von welchem Gedankengut sich die „psychologia empirica" abhebt. Eine Reihe von Paragraphen enthält im Original deutsche Übersetzungsvorschläge Baumgartens. Diese sind zum Teil in der Übersetzung berücksichtigt; die besonders bemerkenswerten unter ihnen, die oft umschreibenden Charakter haben, sind in den Anmerkungen mit B gekennzeichnet.

Die Übersetzung orientiert sich in der Terminologie an Baumgartens Übersetzungsvorschlägen und an der Übersetzung von G. F. Meier [9], obwohl diese lückenhaft und zum Teil auch fehlerhaft ist. Um den Vergleich zwischen dem lateinischen Text und der Übersetzung zu erleichtern, sind die Satzstrukturen nach Möglichkeit beibehalten.

II. Der Text des zweiten philosophischen Briefes richtet sich nach der einzigen Ausgabe von 1741. Die Orthographie ist so weit dem heutigen Gebrauch angepaßt, wie dies ohne Änderung des Wortlautes möglich ist.

III. Der § 147 der „Philosophia generalis" ist von J. Chr. Förster, wie schon erwähnt, erst nach einigem Zögern 1770 in unveränderter Form in den Druck gegeben worden. Da es sich um eine bloße Skizze handelt, in der infolge der großen Kompliziertheit der Gliederung die Sätze nicht überall durchkonstruiert werden können, geben wir das Ganze gekürzt, aber so, daß die Hauptbegriffe vertreten sind und die Gliederung so weit wie möglich ersichtlich wird. Um der besseren Vergleichbarkeit willen sind die Übersetzungen jeweils in Klammern beigefügt. Mit M gekennzeichnete Paragraphenzahlen verweisen auf die „Metaphysica".

IV. Der Text des § 1 der „Aesthetica" beruht auf der Ausgabe von 1750, der entsprechende Abschnitt der Vorlesungsnachschrift auf der erstmaligen Veröffentlichung der Handschrift durch B. Poppe (Leipzig 1907). Dabei ist die philosophiegeschichtliche Skizze, die fast nur anekdotischen Charakter hat, gekürzt.

I.
METAPHYSICA – METAPHYSIK
§§ 501–623

METAPHYSICA, PARS III

PSYCHOLOGIA

PROLEGOMENA

§ 501
PSYCHOLOGIA est scientia praedicatorum animae generalium.

§ 502
Psychologia principia theologiarum, aestheticae, logicae, practicarum scientiarum prima continens, cum ratione (§ 501) refertur (§ 2) ad metaphysicam (§ 1).

§ 503
PSYCHOLOGIA asserta sua 1) ex experientia propius, EMPIRICA, 2) ex notione animae longiori ratiociniorum serie deducit, RATIONALIS.

CAPUT I: PSYCHOLOGIA EMPIRICA

Sectio I: Existentia animae

§ 504
Si quid in ente est, quod sibi alicuius potest esse conscium, illud est ANIMA. In me exsistit (§ 55), quod sibi alicuius potest esse conscium (§ 57). Ergo in me exsistit anima (ego anima exsisto).

§ 505
Cogito, mutatur anima mea (§§ 125, 504). Ergo cogitationes sunt accidentia animae meae (§ 210), quarum aliquae saltim rationem sufficientem habent in anima mea (§ 21). Ergo anima mea est vis (§ 197).

§ 506
Cogitationes sunt repraesentationes. Ergo anima mea est vis repraesentativa (§ 505).

METAPHYSIK, 3. TEIL

DIE PSYCHOLOGIE

EINLEITUNG

§ 501 Die Psychologie ist die Wissenschaft von den allgemeinen Prädikaten der Seele.

§ 502 Da die Psychologie die ersten Grundsätze der Theologien, der Ästhetik, der Logik und der praktischen Wissenschaften enthält, wird sie mit Grund zu der Metaphysik gerechnet[1].

§ 503 Die Psychologie leitet ihre Sätze 1) auf eine näher liegende Art aus der Erfahrung ab: wir sprechen dann von Erfahrungspsychologie, 2) aus dem Begriff der Seele vermittels einer längern Reihe von Vernunftschlüssen: dann nennen wir sie rationale[2] Psychologie.

I. KAPITEL: DIE ERFAHRUNGSPSYCHOLOGIE

1. Abschnitt: Die Wirklichkeit der Seele

§ 504 Wenn etwas in einem Seienden ist, was sich irgendeiner Sache bewußt sein kann, so ist dies eine Seele. In mir existiert[3] etwas, das sich irgendeiner Sache bewußt sein kann[4]. Also existiert in mir eine Seele (ich existiere als Seele).

§ 505 Ich denke, und meine Seele wird dadurch verändert[5]. Also sind die Gedanken Veränderungen des Zustandes meiner Seele[6], von denen mindestens einige ihren zureichenden Grund in meiner Seele haben[7]. Folglich ist meine Seele eine Kraft[8].

§ 506 Gedanken sind Vorstellungen[9]. Also ist meine Seele eine vorstellende Kraft.

§ 507

Cogitat anima mea saltim quasdam partes huius universi (§ 354). Ergo anima mea est vis repraesentativa huius universi, saltim partialiter (§ 155).

§ 508

Cogito quaedam corpora huius universi eorumque mutationes, huius pauciores, illius plures, unius plurimas, et ultimum quidem pars mei est (§ 155), hinc CORPUS MEUM est, cuius mutationes plures cogito, quam ullius alius corporis.

§ 509

Corpus meum habet determinatum in hoc mundo positum (§ 85), locum, aetatem (§ 281), situm (§ 284).

§ 510

Quaedam distincte, quaedam confuse cogito. Confuse aliquid cogitans, eius notas non distinguit, repraesentat tamen, seu percipit. Nam si notas confuse repraesentati distingueret, quae confuse repraesentat, distincte cogitaret: si prorsus non perciperet notas confuse cogitati, per eas confuse perceptum non distinguere valeret ab aliis. Ergo confuse quid cogitans quaedam obscure repraesentat.

§ 511

Sunt in anima perceptiones obscurae (§ 510). Harum complexus FUNDUS ANIMAE dicitur.

§ 512

Ex positu corporis mei in hoc universo cognosci potest, cur haec obscurius, illa clarius, illa distinctius percipiam (§ 306, 509), i. e. REPRAESENTO PRO POSITU CORPORIS mei in hoc universo.

§ 513

Anima mea est vis (§ 505) repraesentativa (§ 506) universi (§ 507) pro positu corporis sui (§ 512).

§ 514

Totum repraesentationum in anima PERCEPTIO TOTALIS est, eiusque partes PERCEPTIONES PARTIALES, et harum quidem obscurarum complexus CAMPUS OBSCURITATIS (tenebrarum), qui est fundus animae (§ 511), complexus

§ 507 Meine Seele denkt wenigstens einige Teile dieser Welt[10]. Also ist sie eine Kraft, die diese Welt wenigstens teilweise vorzustellen vermag[11].

§ 508 Ich denke einige Körper dieser Welt und ihre Veränderungen: von diesem weniger, von jenem mehr, von einem am meisten Veränderungen, und dieser letzte ist ein Teil von mir. Also ist mein Körper[12] derjenige, von dem ich mehr Veränderungen als von irgendeinem andern Körper denke.

§ 509 Mein Körper hat in dieser Welt eine bestimmte Stellung[13], einen bestimmten Ort, ein bestimmtes Alter[14] und eine bestimmte Lage[15].

§ 510 Einiges denke ich deutlich, anderes verworren[16]. Wer etwas verworren denkt, unterscheidet dessen Merkmale nicht voneinander, dennoch vergegenwärtigt er sie sich oder stellt sie sich vor. Denn wenn er die Merkmale einer verworrenen Vorstellung voneinander unterschiede, dächte er das, was er sich verworren vorstellt, deutlich; und wenn er sie gar nicht erkennen[17] würde, wäre er nicht imstande, durch sie die verworrene Vorstellung von andern Vorstellungen zu unterscheiden. Wer also etwas verworren denkt, stellt sich einiges dunkel vor.

§ 511 Es gibt in der Seele dunkle Vorstellungen. Deren Gesamtheit wird der Grund der Seele genannt.

§ 512 Aus der Stellung meines Körpers in dieser Welt kann erkannt werden, warum ich mir diese Dinge dunkler, jene klarer, andere deutlicher vorstelle[18], das heißt: Meine Vorstellungen richten sich nach der Stellung meines Körpers in dieser Welt.

§ 513 Meine Seele ist eine Kraft, welche die Welt entsprechend der Stellung ihres Körpers vergegenwärtigt.

§ 514 Eine Gesamtheit von Vorstellungen in der Seele ist eine ganze Vorstellung, deren Teile heißen Teilvorstellungen, und die Gesamtheit der dunklen unter diesen ist

clararum CAMPUS CLARITATIS (lucis) est, comprehendens CAMPOS CONFUSIONIS, DISTINCTIONIS, ADAEQUATIONIS, etc.

§ 515

Cognitio vera est realitas (§ 12, 36), cuius oppositum, cognitio nulla seu defectus cognitionis, IGNORANTIA, et cognitio apparens seu ERROR sunt negationes (§ 81, 36). Cognitio minima est unici minimi minime vera (§ 161). Ergo quo plurium, quo maiorum, quo verior est, hoc maior est (§ 160), donec sit maxima plurimorum maximorum verissima. Gradus COGNITIONIS, quo plura cognoscit, est eius UBERTAS (copia, extensio, divitiae, vastitas), quo pauciora, ANGUSTIA, quo maiora, est DIGNITAS (nobilitas, magnitudo, gravitas, maiestas), quo minora, VILITAS (exilitas, levitas). Quo veriora, quo maiori ordine coniungit cognitio, hoc verior (§ 184), hinc maior est; COGNITIO veriora sistens EXACTA (exasciata) est, minus vera exhibens CRASSA. Maior in cognitione ordo, seu METHODUS, est COGNITIONIS METHODICUM (acroamaticum, disciplinale), minor TUMULTUARIUM. Cognitio eiusque repraesentationes in anima mea sunt vel minores vel maiores (§ 214) iisque, qua rationes sunt, ARGUMENTA LATIUS DICTA, vis et efficacia tribuitur (§ 197). Nulla cognitio est totaliter sterilis (§ 23), cognitio tamen maioris efficaciae seu ROBORIS est FORTIOR, minoris, quae IMBECILLITAS, DEBILIOR (imbellis, iners). Repraesentationes debiliores ortae statum animae minus, fortiores magis mutant (§ 208, 214).

§ 516

PERCEPTIONES cum partiali aliqua partes eiusdem totalis SOCIAE vocantur, sociarum perceptionum fortissima

das Feld der Dunkelheit[19] (Finsternis): dies ist der Grund der Seele. Die Gesamtheit der klaren Vorstellungen ist das Feld der Klarheit (des Lichtes), das die Felder der Verworrenheit[20], der Deutlichkeit und der Vollständigkeit in sich faßt.

§ 515 Wahre Erkenntnis ist Realität[21], ihr Gegenteil, keine Erkenntnis oder Mangel an Erkenntnis, ist Unwissenheit, und scheinbare Erkenntnis oder Irrtum sind Negationen[22]. Die geringste Erkenntnis ist als Erkenntnis eines einzigen sehr kleinen Gegenstandes am wenigsten wahr[23]. Auf je mehr also, auf je größere Dinge die Erkenntnis gerichtet ist, je wahrer sie ist, desto bedeutender ist sie[24], bis sie als wahrste Erkenntnis der meisten und größten Dinge die höchste Stufe erreicht. Diejenige Stufe der Erkenntnis, auf der sie mehr erkennt, ist ihr Reichtum[25] (Menge, Ausdehnung, Fülle, Weite), die Stufe, auf der sie weniger erkennt, ihre Beschränktheit, auf der sie Größeres erkennt, ihre Würde[26] (Adel, Größe, Ernst, Erhabenheit), auf der sie Geringeres erkennt, ihre Dürftigkeit (Ärmlichkeit, Nichtigkeit). Je Wahreres die Erkenntnis in je größerer Ordnung erkennt, desto wahrer[27] und daher bedeutender ist sie. Eine Erkenntnis, die Wahreres feststellt, ist genau (gut ausgehauen), eine, die weniger Wahres darbietet, ist grob. Die größere Ordnung in der Erkenntnis, die Methode, ist das Methodische an der Erkenntnis (das Schulmässige, als Lehre Vorgetragene), die geringere Ordnung ist das bloße Gemenge. Die Erkenntnis und deren Vorstellungen in meiner Seele sind entweder kleiner oder größer[28], und ihnen wird, soweit sie Gründe sind oder Beweismittel im weiteren Sinne, Kraft und Wirksamkeit zugeschrieben[29]. Keine Erkenntnis ist völlig unfruchtbar[30], und doch ist eine Erkenntnis von größerer Wirksamkeit oder Kraft stärker, eine von geringerer Wirksamkeit — man spricht von Ohnmacht — schwächer (kraftlos, bedeutungslos). Schwächere Vorstellungen verändern, wenn sie entstehen, den Zustand der Seele weniger, stärkere mehr[31].

§ 516 Vorstellungen, die zusammen mit einem andern Teil Teile desselben Ganzen sind, heißen verbundene[32] Vorstellungen; die stärkste unter den verbundenen Vorstel-

REGNAT (dominatur in anima).

§ 517

Quo plures notas perceptio complectitur, hoc est fortior (§ 23, 515). Hinc obscura perceptio plures notas comprehendens quam clara, est eadem fortior, confusa plures notas comprehendens quam distincta, est eadem fortior. PERCEPTIONES plures in se continentes PRAEGNANTES vocantur. Ergo perceptiones praegnantes fortiores sunt. Hinc ideae habent magnum robur (§ 148). Termini significatus praegnantis sunt EMPHATICI (emphases). Horum scientia EMPHASEOLOGIA est. Nominum propriorum non parva vis est.

§ 518

Status animae, in quo perceptiones dominantes obscurae sunt, est REGNUM TENEBRARUM; in quo clarae regnant, REGNUM LUCIS est.

Sectio II: Facultas cognoscitiva inferior

§ 519

Anima mea cognoscit quaedam (§ 506). Ergo habet FACULTATEM COGNOSCITIVAM, i.e. quaedam cognoscendi (§ 57, 216) (intellectum latius dictum, cf. § 402).

§ 520

Anima mea quaedam cognoscit obscure, quaedam confuse cognoscit (§ 510), iam, ceteris paribus, percipiens rem, eamque diversam ab aliis, plus percipit quam percipiens rem, sed non distinguens (§ 67). Ergo, ceteris paribus, cognitio clara maior est quam obscura (§ 515). Hinc obscuritas minor, claritas maior cognitionis gradus est (§ 160, 246) et eandem ob rationem confusio minor seu inferior, distinctio maior seu superior. Unde FACULTAS obscure confuseque seu indistincte aliquid cognoscendi COGNOSCITIVA INFERIOR est. Ergo anima mea habet facultatem cognoscitivam inferiorem (§ 57, 216).

lungen ist die herrschende (herrscht in der Seele vor).

§ 517 Je mehr Merkmale eine Vorstellung in sich enthält, desto stärker ist sie. Daher ist eine dunkle Vorstellung, die mehr Merkmale enthält als eine klare, stärker als diese, und eine verworrene, die mehr Merkmale enthält als eine deutliche, ebenfalls stärker als diese. Vorstellungen, die mehr (Merkmale) in sich enthalten, werden vielsagend genannt. Vielsagende Vorstellungen sind also stärker. Daher haben Vorstellungen von Einzeldingen[33] eine große Stärke[34]. Begriffe von vielsagender Bedeutung sind nachdrücklich (hervorhebende Ausdrücke). Deren Wissenschaft heißt Emphaseologie. Eigennamen haben keine geringe Kraft.

§ 518 Der Zustand der Seele, in dem die dominierenden Vorstellungen dunkel sind, ist das Reich der Finsternis, der Zustand, in welchem die klaren Vorstellungen vorherrschen, das Reich des Lichtes.

2. Abschnitt: Das untere Erkenntnisvermögen

§ 519 Meine Seele erkennt einiges. Also hat sie ein Erkenntnisvermögen, d. h. die Fähigkeit, einiges zu erkennen[35] (den Verstand im weiteren Sinne)[36].

§ 520 Meine Seele erkennt einiges dunkel, anderes verworren. Und wenn sie, unter gleichen Voraussetzungen, etwas so erkennt[37], daß es von anderem unterschieden ist, erfaßt sie mehr, als wenn sie es zwar erkennt, aber nicht unterscheidet[38]. Also ist, unter gleichen Voraussetzungen, eine klare Erkenntnis größer als eine dunkle. Und so bedeutet die Dunkelheit eine kleinere, die Klarheit eine größere Stufe der Erkenntnis[39]. Aus dem gleichen Grund ist die Verworrenheit kleiner oder geringer, die Deutlichkeit größer oder höherstehend. Daher heißt die Fähigkeit, etwas dunkel und verworren oder undeutlich zu erkennen, das untere Erkenntnisvermögen. Also hat meine Seele ein unteres Erkenntnisvermögen[40].

§ 521

REPRAESENTATIO non distincta SENSITIVA vocatur. Ergo vis animae meae repraesentat per facultatem inferiorem perceptiones sensitivas (§ 520, 513).

§ 522

Repraesento mihi quaedam ita, ut aliqui eorum characteres clari sint, aliqui obscuri. Eiusmodi perceptio, qua notas claras, distincta est, qua obscuras sensitiva (§ 521). Hinc est distincta, cui aliquid admixtum est confusionis et obscuritatis, et sensitiva, cui aliquid distinctionis inest. Haec ex parte sequiori formatur per facultatem cognoscitivam inferiorem (§ 520).

§ 523

Notae repraesentationis sunt vel mediatae vel immediatae (§ 67, 27). Hae tantum respiciuntur in diiudicatione claritatis in aliqua perceptione.

§ 524

Notae perceptionis sunt vel sufficientes vel insufficientes (§ 21, 67), vel absolute necessariae (§ 106, 107) vel in se contingentes (§ 108), vel absolute immutabiles et constantes (§ 132) vel in se variabiles seu mutabiles (§ 133), quarum priores notae nonnumquam per eminentiam dicuntur solae.

§ 525

Notae repraesentationis sunt vel negativae vel reales (§ 135). Quae priores habet PERCEPTIO NEGATIVA, quae posteriores, PERCEPTIO POSITIVA vocatur. Perceptiones negativae vel essent TOTALITER tales, quarum singulae notae negativae essent, quibus nihil perciperetur (§ 136), vel PARTIALITER tales sunt, quarum aliquae notae negativae sunt, aut vere aut apparenter (§ 12).

§ 526

Notarum alia aliis fecundiores sunt et graviores (§ 166), utrumque sufficientes insufficientibus (§ 169, 524).

§ 527

FACILE est, ad quod actuandum paucae vires necessariae

§ 521 Eine nicht deutliche Vorstellung wird sinnlich[41] genannt. Also vergegenwärtigt die Kraft meiner Seele durch das untere Erkenntnisvermögen sinnliche Vorstellungen.

§ 522 Ich stelle mir bestimmte Dinge so vor, daß einige ihrer Merkmale klar, andere dunkel sind. Eine Vorstellung dieser Art ist, soweit sie klare Merkmale hat, deutlich, soweit sie dunkle hat, sinnlich. Und so ist diejenige Vorstellung deutlich, der etwas Verworrenheit und Dunkelheit beigemischt ist, und diejenige sinnlich, der etwas Deutlichkeit innewohnt. Diese zuletzt genannte wird auf ihrer schwächeren Seite durch das untere Erkenntnisvermögen geformt.

§ 523 Die Merkmale einer Vorstellung sind entweder vermittelt oder unmittelbar[42]. Nur diese letzteren werden bei der Beurteilung der Klarheit in einer Vorstellung in Rücksicht gezogen.

§ 524 Die Merkmale einer Vorstellung sind entweder hinreichend oder nicht hinreichend[43], entweder absolut notwendig[44] oder in sich zufällig[45], entweder absolut unveränderlich und beständig[46] oder in sich schwankend und veränderlich[47]. Die zuerst genannten werden manchmal die einzigartig hervorragenden genannt.

§ 525 Die Merkmale einer Vorstellung sind entweder verneinend oder eine Realität anzeigend[48]. Diejenige Vorstellung, welche die erstgenannten enthält, wird die verneinende, diejenige, welche die Merkmale der zweiten Art enthält, die bejahende genannt. Verneinende Vorstellungen wären entweder durchgehend so beschaffen, daß ihre einzelnen Merkmale verneinend wären, wodurch nichts erkannt würde[49], oder sie sind teilweise so beschaffen, daß einige ihrer Merkmale verneinend sind, entweder wirklich oder scheinbar[50].

§ 526 Unter den Merkmalen sind die einen ergiebiger als die andern und wichtiger[51]; beides gilt für die hinreichenden im Vergleich zu den nicht hinreichenden[52].

§ 527 Leicht ist dasjenige, zu dessen Verwirklichung geringe Kräfte notwendig sind; wofür größere Kräfte er-

sunt; ad quod maiores requiruntur vires, est DIFFICILIE. Hinc FACILE CERTO SUBIECTO est, ad quod actuandum exigua pars virium, quibus illud pollet, necessaria est: CERTO SUBIECTO DIFFICILE, ad quod actuandum magna pars virium, quibus substantia ista pollet, requiritur. Ergo facilitas et difficultas admittunt gradus (§ 246).

§ 528

Minime clara est perceptio, cuius notae tantum sufficiunt ad eandem ab unico diversissimo difficillime distinguendam (§ 161). A quo pluribus ergo, a quo magis iisdem, quo facilius perceptionem distinguere valeo, hoc est mihi clarior (§ 160), donec sit mihi clarissima, quam ab omnibus, etiam maxime iisdem, facillime valeo distinguere (§ 161). Minime obscura est repraesentatio, cuius notae ad eam ab unico tantum maxime eodem facillime distinguendam non sufficiunt (§ 161). A quo pluribus ergo, a quo magis diversis, quo maiori vi adhibita perceptio tamen non potest distingui, hoc maior est eius obscuritas: donec mihi sit obscurissima, quae a nullis, etiam maxime diversis, omni vi mea adhibita distingui potest (§ 161).

§ 529

Quod aliis clarius percipio, ATTENDO; quod aliis obscurius, ABSTRAHO AB EO. Ergo habeo facultatem attendendi et abstrahendi (§ 216), sed finitas (§ 354), hinc in certo tantum, non maximo gradu utrasque (§ 248). Quo plus quantitati finitae demitur, hoc minus est residuum. Ergo quo magis attendo uni rei, hoc minus possum attendere aliis: ergo perceptio fortior attentionem admodum occupans obscurat debiliorem seu facit a debiliori abstrahere (§ 528, 515).

§ 530

PERCEPTIO praeter notas, quas maxime in eius notis

forderlich sind, ist schwer. Also ist dasjenige für ein bestimmtes Subjekt[53] leicht, zu dessen Verwirklichung ein geringer Anteil an Kräften, durch die jenes Subjekt stark ist, erfordert wird; und schwer ist für ein bestimmtes Subjekt alles, zu dessen Verwirklichung ein großer Anteil an Kräften, deren jene Substanz mächtig ist, erfordert wird. Also lassen sowohl die Leichtigkeit wie die Schwierigkeit Abstufungen zu[54].

§ 528 Am wenigsten klar ist diejenige Vorstellung, deren Merkmale gerade nur dazu hinreichen, sie von einem einzigen, von ihr sehr verschiedenen Ding mit großer Mühe zu unterscheiden[55]. Von je mehr also, von je Ähnlicherem ich eine Vorstellung je leichter zu unterscheiden vermag, desto klarer ist sie für mich[56]. Und die klarste ist diejenige, die ich von allem andern sogar sehr Ähnlichen mit größter Leichtigkeit zu unterscheiden vermag. Am wenigsten dunkel ist eine Vorstellung, deren Merkmale nicht dazu hinreichen, sie nur von einem einzigen ihr sehr ähnlichen Ding mit großer Leichtigkeit zu unterscheiden. Von je mehr anderem, von je Verschiedenerem, unter Aufbietung von je größerer Kraft eine Vorstellung trotz allem nicht unterschieden werden kann, umso größer ist ihre Dunkelheit. Und die dunkelste ist für mich diejenige, die von nichts anderem sogar sehr Verschiedenen unter Aufbietung meiner ganzen Kraft unterschieden werden kann.

§ 529 Was ich mir klarer als anderes vorstelle, darauf gebe ich acht[57]; was ich mir dunkler als anderes vorstelle, davon ziehe ich meine Gedanken ab[58]. Also habe ich die Fähigkeit, die Aufmerksamkeit auf etwas zu lenken und etwas außer acht zu lassen[59], aber in begrenztem Masse[60], daher in beiden Fällen nur in einem gewissen, nicht im höchsten Grad[61]. Je mehr von einer begrenzten Quantität weggenommen wird, desto weniger bleibt übrig. Je mehr ich also meine Aufmerksamkeit einer Sache zuwende, desto weniger kann ich auf anderes achten. Folglich verdunkelt eine stärkere Vorstellung, welche die Aufmerksamkeit völlig in Anspruch nimmt, eine schwächere, oder sie bewirkt, daß man die schwächere außer acht läßt.

§ 530 Eine Vorstellung, die außer denjenigen Merk-

attendo, alias etiam minus claras continens, est COMPLEXA; COGITATIONIS COMPLEXAE notarum ille complexus, quem in notis maxime attendo, PERCEPTIO PRIMARIA, complexus notarum minus clararum PERCEPTIO (secundaria) ADHAERENS dicitur. Hinc perceptio complexa est totum perceptionis primariae et adhaerentis (§ 155).

§ 531

Pone duas cogitationes claras trium notarum, sed sint in una clarae, quae in altera obscurae sunt, prior erit clarior. Ergo claritas perceptionis augetur claritate notarum per distinctionem, adaequationem e.c. Pone duas cogitationes claras notarum aequaliter clararum, quarum tres sint in una, sex sint in altera; posterior erit clarior (§ 528). Ergo multitudine notarum augetur claritas (§ 162). CLARITAS claritate notarum maior INTENSIVE, multitudine notarum EXTENSIVE MAIOR dici potest. Extensive clarior perceptio est VIVIDA. Vividitas COGITATIONUM et ORATIONIS NITOR (splendor) est, cuius oppositum est SICCITAS (spinosum cogitandi dicendique genus). Utraque claritas est PERSPICUITAS. Hinc perspicuitas vel est vidida, vel intellectualis, vel utraque. PERCEPTIO, cuius vis se exserit in veritate alterius perceptionis cognoscenda, et VIS EIUS, est PROBANS, cuius vis alteram claram reddit, et VIS EIUS, est EXPLICANS (declarans), cuius vis alteram vividam reddit, et VIS EIUS, est ILLUSTRANS (pingens), quae alteram distinctam, et VIS EIUS, est RESOLVENS (evolvens). Conscientia veritatis est CERTITUDO (subiective spectata cf. § 93). Certitudo sensitiva est PERSUASIO, intellectualis CONVICTIO. Cogitans rem et veritatem eius, ceteris paribus, plura cogitat quam cogitans rem tantum. Hinc COGITATIO et COGNITIO certa, ceteris paribus, maior est INCERTA, quae non

malen, auf die ich meine Aufmerksamkeit am stärksten richte, noch andere, weniger klare enthält, ist komplex[62]. Jene Gesamtheit von Merkmalen der komplexen Vorstellung, auf die ich unter allen Merkmalen am meisten achte, wird Hauptvorstellung, die Gesamtheit der weniger klaren Merkmale Nebenvorstellung genannt. Also ist die komplexe Vorstellung das Ganze der Haupt- und der Nebenvorstellung[63].

§ 531 Nimm zwei klare Vorstellungen mit je drei Merkmalen an, aber in der einen seien die gleichen Merkmale klar, die in der andern dunkel sind: so ist die erste klarer. Also wird die Klarheit einer Vorstellung durch die Klarheit der Merkmale erhöht, indem sie deutlich und vollständig wird. Nimm zwei klare Vorstellungen mit gleich klaren Merkmalen an, von denen die eine drei, die andere sechs Merkmale enthält: dann ist die zweite klarer. Also wird die Klarheit durch die Menge der Merkmale erhöht[64]. Die größere Klarheit, die auf der Klarheit der Merkmale beruht, kann intensiv größer[65], diejenige, die auf der Menge der Merkmale beruht, extensiv größer[66] genannt werden. Die extensiv klarere Vorstellung ist lebhaft. Die Lebhaftigkeit der Vorstellungen und der Rede ist der Glanz[67] (Frische), dessen Gegenteil die Trockenheit (die spitzfindige Art zu denken und zu reden). Beide Arten der Klarheit bedeuten Verständlichkeit. Daher ist die Verständlichkeit entweder lebhaft oder verstandesgemäß oder beides zugleich. Eine Vorstellung, deren Kraft sich darin äußert, daß die Wahrheit einer andern Vorstellung erkannt wird, ist samt ihrer Kraft beweisend[68]; deren Kraft eine andere klar macht, ist samt ihrer Kraft erklärend[69] (anzeigend), deren Kraft eine andere lebhaft macht, ist samt ihrer Kraft erhellend[70] (malend); eine Vorstellung, die eine andere deutlich macht, ist samt ihrer Kraft erschließend[71] (entwickelnd). Das Bewußtsein der Wahrheit ist die Gewissheit (subjektiv gesehen[72]). Die sinnliche Gewissheit ist die Überredung[73], die verstandesgemäße die Überzeugung[73]. Wer die Sache *und* ihre Wahrheit denkt, denkt unter gleichen Voraussetzungen mehr, als wer nur die Sache denkt. Daher ist eine gewisse Vorstellung und Erkenntnis unter

est certa (§ 515). COGNITIO iusto incertior est SUPERFICIARIA, adeo certa, ac requiritur, est SOLIDA. Quo clarior, quo vividior, quo distinctior, quo certior cognitio est, hoc maior est. PERCEPTIO certitudinem alterius habens pro corollario, et VIS EIUS, est vel PERSUASORIA vel CONVINCENS. Certa perspicuitas est EVIDENTIA.

§ 532

Tam extensive quam intensive clarior possunt esse sensitivae (§ 522, 531), et tunc vividior est perfectior quam minus vivida (§ 185). Potest vividior intensive clariore ipsaque distincta perceptione fortior esse (§ 517).

§ 533

Scientia sensitive cognoscendi et proponendi est AESTHETICA (Logica facultatis cognoscitivae inferioris, Philosophia gratiarum et musarum, gnoseologia inferior, ars pulchre cogitandi, ars analogi rationis).

Sectio III: Sensus

§ 534

Cogito statum meum praesentem. Ergo repraesento statum meum praesentem, i. e. SENTIO. Repraesentationes status mei praesentis seu SENSATIONES (apparitiones) sunt repraesentationes status mundi praesentis (§ 369). Ergo sensatio mea actuatur per vim animae repraesentativam pro positu corporis mei (§ 513).

§ 535

Habeo facultatem sentiendi (§ 216), i. e. SENSUM. SENSUS repraesentat vel statum animae meae, INTERNUS, vel statum corporis mei, EXTERNUS (§ 508). Hinc SENSATIO est vel INTERNA per sensum internum (conscientia strictius dicta), vel EXTERNA, sensu externo actuata (§ 534).

§ 536

Partes corporis, quarum convenienti motui sensatio externa coëxsistit, sunt AESTHETERIA (organa sensuum). Per

gleichen Voraussetzungen bedeutender als eine ungewisse, die nicht gewiss ist. Eine über Gebühr ungewisse Erkenntnis ist oberflächlich[74], eine, die so gewiss ist, wie erfordert wird, ist gründlich. Je klarer also, je lebhafter, je deutlicher, je gewisser eine Erkenntnis ist, desto bedeutender[75] ist sie. Eine Vorstellung, welche die Gewissheit einer andern als Zusatz enthält, ist samt ihrer Kraft entweder überredend[76] oder überzeugend[77]. Die sichere Verständlichkeit ist die Evidenz[78].

§ 532 Sowohl die intensiv als auch die extensiv klarere Vorstellung können sinnlich sein; dann ist die lebhaftere vollkommener als die weniger lebhafte[79]. Die lebhaftere Vorstellung kann stärker sein als die intensiv klarere, auch wenn diese eine deutliche Vorstellung ist.

§ 533 Die Wissenschaft der sinnlichen Erkenntnis und Darstellung ist die Ästhetik[80] (als Logik des unteren Erkenntnisvermögens, als Philosophie der Grazien und der Musen, als untere Erkenntnislehre, als Kunst des schönen Denkens, als Kunst des der Vernunft analogen Denkens).

3. Abschnitt: Der Sinn

§ 534 Ich denke meinen gegenwärtigen Zustand. Also stelle ich mir meinen gegenwärtigen Zustand vor. d. h. ich empfinde. Die Vorstellungen meines gegenwärtigen Zustandes oder die Empfindungen (Erscheinungen)[81] sind Vorstellungen des gegenwärtigen Zustandes der Welt[82]. Also wird meine Empfindung dank der Vorstellungskraft der Seele je nach der Stellung meines Körpers wirksam.

§ 535 Ich habe die Fähigkeit zu empfinden[83], d. h. den Sinn. Der Sinn vergegenwärtigt entweder den Zustand meiner Seele, er heißt dann innerer Sinn, oder den Zustand meines Körpers, dann sprechen wir vom äußeren Sinn. Daher ist die Empfindung entweder innerlich und kommt durch den innern Sinn zustande (als Bewußtsein im engeren Sinn); oder sie ist äußerlich und verwirklicht sich durch den äußeren Sinn.

§ 536 Diejenigen Teile des Körpers, mit deren passender Bewegung zusammen die äußere Empfindung auftritt,

ea habeo facultatem sentiendi 1) quodvis corpus contingens meum, TACTUM, 2) lucem, VISUM, 3) sonum, AUDITUM, 4) effluvia corporum in nasum ascendentia, OLFACTUM, 5) resoluta per internas oris partes salia, GUSTUM.

§ 537

Quo magis movetur convenienter organon sensuum, hoc fortior, hoc clarior est sensatio; quo minus, hoc debilior, hoc obscurior est sensatio externa (§ 513, 512). Locus, in quo constituta tam convenienter adhuc movere organon sensus possunt, ut clare sentiantur, est SPHAERA SENSATIONIS. In sphaera sensationis locus convenientissimus PUNCTUM SENSATIONIS est.

§ 538

Quo minora, quo remotiora a puncto sensationis sunt sentienda, hoc obscurior, hoc debilior est ipsorum sensatio, quae hoc est fortior, hoc clarior, quo propiora puncto sensationis sunt, quo maiora sentienda (§ 537, 288).

§ 539

Sensus minimus esset, qui unicum maximum proxime convenientissimeque praesens in minimo gradu veritatis, lucis et certitudinis repraesentaret (§ 531, 538). Hinc quo plura, quo minora, quo remotiora, quo minus convenienter moventia organon quo verius, clarius, certius repraesentat, hoc maior est (§ 219, 535).

§ 540

SENSUS maior ACUTUS, minor HEBES dicitur. Quo aptiora ad motum convenientem organa sensuum aut sunt, aut redduntur, hoc aut est acutior, aut magis acuitur sensus externus. Quo ineptiora aut sunt, aut redduntur organa sensoria, hoc hebetior aut est, aut magis hebescit sensus externus (§ 537, 539).

§ 541

Lex sensationis est: Ut sibi succedunt status mundi et status mei, sic sequantur se invicem repraesentationes eorum praesentium (§ 534). Hinc regula sensationis inter-

sind die Sinnesorgane[84]. Durch sie habe ich die Fähigkeit zu empfinden, und zwar 1) jeden Körper, der den meinigen berührt: diese Fähigkeit nennen wir den Tastsinn[85], 2) das Licht: also den Gesichtssinn, 3) den Schall: also das Gehör, 4) die Ausdünstungen der Körper, die in die Nase steigen: also den Geruchsinn, 5) die Salze, die durch die innern Teile des Mundes aufgelöst werden: also den Geschmacksinn.

§ 537 Je mehr ein Sinnesorgan passend bewegt wird, umso stärker und klarer ist die Empfindung; je weniger, umso schwächer und dunkler ist die äußere Empfindung. Der Ort, wo die Beschaffenheiten der Dinge das Sinnesorgan immer noch so gut bewegen können, daß sie klar empfunden werden, heißt Empfindungskreis. In diesem Empfindungskreis ist der passendste Ort der Empfindungspunkt.

§ 538 Je kleiner, je weiter vom Empfindungspunkt entfernt die Gegenstände der Empfindung sind, umso dunkler und schwächer ist die Empfindung, die man von ihnen hat; und sie ist umso stärker und klarer, je näher die Gegenstände dem Empfindungspunkt und je größer sie sind[86].

§ 539 Der geringste Sinn wäre derjenige, der ein einziges sehr großes, sehr nahe und sehr passend gegenwärtiges Objekt im geringsten Grad der Wahrheit, des Lichtes und der Gewissheit vorstellen würde. Je mehr also, je Kleineres, je Entfernteres, je weniger passend Bewegendes ein Sinnesorgan je wahrer, klarer und gewisser vergegenwärtigt, desto bedeutender[87] ist es[88].

§ 540 Ein bedeutenderer Sinn wird scharf, ein geringerer stumpf genannt. Je besser angepaßt an die richtige Bewegung die Sinnesorgane entweder sind oder gemacht werden, desto schärfer ist der äußere Sinn, oder umso mehr wird er geschärft. Je ungeschickter die Sinnesorgane entweder sind oder gemacht werden, umso stumpfer ist der äussere Sinn, oder umso mehr wird er abgestumpft.

§ 541 Das Gesetz der Empfindung lautet: So wie die Zustände der Welt und meine Zustände aufeinander folgen, ebenso folgen die Vorstellungen von ihnen, die gegenwärtig sind, ihrerseits aufeinander. Entsprechend lautet die Regel

nae: Ut sibi succedunt status animae meae, sic se sequantur invicem repraesentationes eorundem praesentium; et regula sensationis externae: Ut sibi succedunt status corporis mei, sic se sequantur invicem repraesentationes eorundem praesentium.

§ 542

Sensationum magnum prae aliis singulis perceptionibus robur est (§ 512, 517). Hinc sensationes alias singulas obscurant (§ 529). Possunt tamen aliae plures simul sumptae fortiores fieri una vel altera praesertim debiliore sensatione eamque vicissim obscurare, multo magis una sensatio potest obscurari per alteram fortiorem aut plures alias singulas debiliores, simul sumptas tamen fortiores (§ 529, 517).

§ 543

Facilior fit sensatio externa 1) organi bene praeparati (§ 536), 2) sphaerae sensationis, immo 3) quantum fieri potest, puncto (§ 537), 4) corpus ad excitandum modo convenienti motum in organo aptius et qualitate (§ 536) et 5) quantitate (§ 538) si admoveatur, 6) non sensationes solum fortiores heterogeneae, sed et 7) debiliores non nihil quidem singulae, at plures, immo 8) perceptiones etiam aliae admodum heterogeneae si impediantur (§ 542). Impeditur sensatio externa 1) organon sensorium impediendo, ne modo convenienti moveatur, 2) saltim praestando, ut minus moveatur (§ 537), 3) sensibile removendo, 4) imminuendo, 5) prorsus impediendo, ne praesens fiat, 6) sensationem fortiorem excitando, 7) per plures sensationes aut 8) plures perceptiones alia ita dispertiendo attentionem, ut, singulae licet debiliores, tamen simul sumptae obscurent sensationem impediendam (§ 542, 221).

§ 544

Cum sensus singularia huius mundi, hinc omnimode

der innern Empfindung: So wie die Zustände meiner Seele aufeinander folgen, so folgen die Vorstellungen von ihnen, die gegenwärtig sind, aufeinander; und die Regel der äussern Empfindung: Wie die Zustände meines Körpers aufeinander folgen, so folgen die Vorstellungen von ihnen, die gegenwärtig sind, aufeinander.

§ 542 Die Empfindungen haben vor allen andern Möglichkeiten, etwas zu erfassen[89], eine besondere Kraft; daher verdunkeln sie alle andern. Dennoch vermögen mehrere andere zusammengenommen stärker zu werden als die eine oder die andere vor allem schwächere Empfindung und sie ihrerseits zu verdunkeln; und noch viel eher kann eine Empfindung durch eine andere, stärkere oder durch mehrere andere, die zwar als einzelne schwächer, aber zusammengenommen stärker sind, verdunkelt werden.

§ 543 Die äußere Empfindung wird erleichtert, 1) wenn das Sinnesorgan gut vorbereitet ist, 2) wenn ein Körper in den Empfindungskreis und 3) sogar so nahe wie möglich an den Empfindungspunkt gerückt wird, 4) wenn ein Körper zur Erzeugung der passenden Bewegung im Sinnesorgan sowohl seiner Beschaffenheit als auch 5) seiner Größe nach in höherem Grad geeignet ist, 6) wenn nicht nur die stärkeren andersartigen Empfindungen, sondern 7) auch die zwar, für sich genommen, um einiges schwächeren, aber doch in größerer Zahl vorhandenen, ja auch 8) die übrigen ganz andersartigen Vorstellungen abgehalten werden. Die äußere Empfindung wird gehemmt, 1) wenn das Sinnesorgan daran gehindert wird, sich auf passende Art zu bewegen, 2) wenn man wenigstens dafür sorgt, daß es weniger bewegt wird, 3) wenn der Gegenstand der Empfindung entfernt, 4) wenn er vermindert, 5) wenn er ganz abgehalten wird, damit er nicht gegenwärtig werde, 6) wenn eine stärkere Empfindung hervorgerufen wird, 7) wenn eine größere Anzahl von Empfindungen oder 8) mehrere andersartige Vorstellungen die Aufmerksamkeit so zerstreuen, daß sie, obwohl einzeln genommen schwächer, dennoch zusammengenommen die Empfindung, die verhindert werden soll, verdunkeln.[90]

§ 544 Da die Sinne einzelne Dinge dieser Welt, also

determinata, repraesentent (§ 535, 148) ut talia, hinc in universali nexu (§ 357), nexus autem, praesertim relativi, repraesentari nequeant sine connexorum utroque (§ 14, 37), in omni sensatione connexa cum senso seu eo, quod sentitur, singula repraesentantur, at non clare, hinc obscure maximam partem plerumque. Ergo in omni sensatione est aliquid obscuri, hinc in sensatione etiam distincta semper aliquid admixtum est confusionis. Unde omnis sensatio est sensitiva perceptio formanda per facultatem cognoscitivam inferiorem (§ 522). Cumque EXPERIENTIA sit cognitio sensu clara, AESTHETICA comparandae et proponendae experientiae est EMPIRICA.

§ 545

FALLACIAE SENSUUM sunt repraesentationes falsae a sensibus dependentes, eaeque vel sensationes ipsae vel ratiocinia, quorum praemissa est sensatio, vel perceptiones pro sensationibus per vitium subreptionis habitae (§ 30, 35).

§ 546

Sensationes ipsae cum repraesentent statum corporis vel animae vel utriusque praesentem (§ 535), tam internae quam externae percipiunt actualia (§ 205, 298), hinc et possibilia (§ 57), et quidem huius mundi (§ 377), sunt ergo verissimae totius mundi (§ 184), nec ulla earum est fallacia sensuum. Quodsi ergo fallacia sensuum sit ratiocinium, vitium eius aut latet in forma aut in altera praemissa: si sit alius generis perceptio per vitium subreptionis pro sensatione habita, duplex error est per praecipitantiam iudicantis ortus facile tamen reducendus ad casum secundum (§ 545).

§ 547

PRAESTIGIAE sunt artificia fallendorum sensuum; si oriuntur ex iis fallaciae sensuum, sunt EFFICACES, si

durchgängig bestimmte Dinge[91], als solche und daher in der allgemeinen Verflechtung[92] vergegenwärtigen, die Verflechtungen aber, vor allem diejenigen, die Beziehungen herstellen, nicht ohne die beiden miteinander verknüpften Dinge[93] vorgestellt werden können, so wird in jeder Empfindung das mit dem Empfundenen oder mit dem, was empfunden wird, Verknüpfte als Einzelnes, aber nicht klar, also dunkel, und zwar meistens und zum größten Teil, vorgestellt. Daher ist in jeder Empfindung Dunkelheit, also auch in der deutlichen Empfindung immer Verworrenheit beigemischt. Und jede Empfindung ist eine sinnliche Vorstellung, die durch das untere Erkenntnisvermögen gestaltet werden muß. Und weil die durch den Sinn zur Klarheit gelangende Erkenntnis Erfahrung ist, beschäftigt sich die empirische Ästhetik mit der zu vergleichenden und zum Ausdruck zu bringenden Erfahrung.

§ 545 Die Sinnestäuschungen[94] sind falsche Vorstellungen, die von den Sinnen abhängen, und zwar entweder selbst Empfindungen oder Vernunftschlüsse, deren Prämisse eine Empfindung ist, oder Vorstellungen, die infolge eines sich heimlich einschleichenden Fehlers für Empfindungen gehalten werden[95].

§ 546 Da die Empfindungen als solche den gegenwärtigen Zustand des Körpers oder der Seele oder von beiden zugleich vorstellen, da sie sowohl als innere wie als äußere Empfindungen wirkliche[96], also auch mögliche Dinge[97], und zwar Dinge dieser Welt[98], erkennen, so sind sie die wahrsten Empfindungen der ganzen Welt[99], und keine unter ihnen ist eine Täuschung der Sinne. Wenn also die Sinnestäuschung eine Schlußfolgerung ist, verbirgt sich der Fehler entweder in dessen Form oder in der andern Prämisse. Wenn sie dagegen auf einer andersartigen Vorstellung beruht, die durch einen sich einschleichenden Fehler für eine Empfindung gehalten wird, so handelt es sich um einen doppelten, aus der Übereilung des Urteilenden entstandenen Irrtum, der dennoch leicht auf den zweiten Fall zurückgeführt werden kann.

§ 547 Blendwerk der Sinne[100] nennen wir die Kunstgriffe, die zum Zwecke der Sinnestäuschung angewendet

minus, sunt INEFFICACES. Quo quis ergo pluribus praeiudiciis cum sensationibus terminum communem habentibus laborat, quo minus sibi cavet a vitio subreptionis: hoc plures apud ipsum praestigiae possunt esse efficaces (§ 545). Apud liberum a praeiudiciis et vitiis subreptionis omnibus omnes praestigiae inefficaces forent (§ 546).

§ 548

Propositiones: Quicquid non experior seu clare sentio (§ 544), non exsistit, seu PRAEIUDICIUM THOMISTICUM, aut est impossibile: quicquid repraesentationi alteri (partialiter) idem est, est ipsa illa perceptio: quae coëxsistunt vel succedunt sibi invicem, eorum unum in alterum realiter influit, seu sophisma: post hoc, ergo propter hoc, sunt aptae fallaciis sensuum propositiones maiores (§ 546), hinc et praestigiis efficacibus (§ 547).

§ 549

Quam ob causam debiliorem obscurat fortior perceptio diversa (§ 529), ob eandem debiliores diversae fortiorem illustrant (§ 531). Hinc debiliori alicuius obiecti perceptioni succedens clara fortior diversa eo ipso, quod nova est, in campo clararum perceptionum magis appercipitur (§ 529). Ergo clara sensatio fortior succedens diversae debiliori per ipsam novitatem illustratur (§ 542, 534). Hinc opposita debiliora rem illustrant (§ 81, 531). Opposita iuxta se posita magis elucescunt.

§ 550

Si sensatio, quantum observatur, prorsus eadem contineatur in pluribus perceptionibus totalibus immediate se excipientibus, in prima habet lucem novitatis (§ 549). Haec ipsi deest in sequenti ex parte, magis in tertia, et sic porro. Hinc, nisi aliunde illustretur, minus clara fiet in

werden. Wenn aus ihnen Sinnestäuschungen entstehen, sind sie wirksam, wenn nicht, unwirksam. Je mehr also jemand an Vorurteilen leidet, die mit den Empfindungen eine Bestimmung gemeinsam haben, je weniger er vor einem sich einschleichenden Fehler auf der Hut ist, umso mehr Blendwerk der Sinne vermag bei ihm wirksam zu werden. Bei demjenigen, der von allen Vorurteilen und allen sich einschleichenden Fehlern frei wäre, könnte alles Blendwerk der Sinne nichts ausrichten.

§ 548 Sätze wie: ‚Alles, was ich nicht erfahre oder klar empfinde, ist nicht wirklich' (das thomistische Vorurteil)[101] oder ‚nicht möglich' oder: ‚Was auch immer mit einer andern Vorstellung zum Teil identisch ist, das ist jene Vorstellung selbst' oder: ‚Was zusammen existiert oder aufeinander folgt, davon fließt das eine in das andere real hinein' oder der Trugschluss: ‚Nach diesem, also infolgedessen', dies sind Obersätze von Schlußfolgerungen, die sich dazu eignen, Sinnestäuschungen und daher auch wirksames Blendwerk der Sinne hervorzubringen.

§ 549 Aus dem gleichen Grund, aus dem eine schwächere Vorstellung durch eine stärkere, von ihr verschiedene verdunkelt wird, erhellen verschiedene schwächere Vorstellungen die stärkere. Wenn also auf eine schwächere Vorstellung eines Gegenstandes eine stärkere klare, von ihr verschiedene folgt, wird sie dadurch allein, daß sie neu ist, auf dem Feld der klaren Vorstellungen stärker wahrgenommen. Daher wird eine stärkere klare Empfindung, die auf eine von ihr verschiedene schwächere folgt, durch die Neuheit allein ans Licht gehoben. Also wird eine Sache durch das gegenübergestellte Schwächere erleuchtet[102]. Gegensätzliche Dinge fallen, wenn sie nebeneinandergestellt sind, mehr in die Augen.

§ 550 Wenn eine Empfindung, soweit man beobachten kann, als ein und dieselbe in mehreren ganzen Vorstellungen, die unmittelbar aufeinander folgen, enthalten ist, so hat sie in der ersten das Licht der Neuheit. Dieses fehlt ihr zum Teil in der nachfolgenden, noch mehr in der dritten, und so weiter. Wenn sie also nicht von anderswoher erleuchtet wird, wird sie in der zweiten ganzen Vorstellung

secunda perceptione totali, adhuc minus clara in tertia, semper succedens tali, quae eam magis obscuret (§ 529). Ergo sensationes diu, quantum observari potest, eaedem obscurantur ipso tempore (§ 539).

§ 551

Sensationes in aequali robore non durant (§ 550). Ergo si fuerunt, quae esse possunt, fortissimae, remittuntur (§ 247).

§ 552

VIGILO, dum externe clare sentio; dum sic sentire incipio, EVIGILO. Si consuetum in sano sensationes singulae claritatis gradum habent, SUI COMPOS vocatur. Si quaedam ex iis apud aliquem tam vividae fiant, ut notabiliter obscurent reliquas, EXTRA SE RAPITUR (sui obliviscitur, non est apud se). Status sensationibus internis extra se rapti est ECSTASIS (visio, mota mens, mentis excessus).

§ 553

Ecstasis animae naturalis erit per naturam ipsius actuata (§ 552, 470), per ipsius naturam non actuata praeternaturalis animae erit (§ 474), quae si per naturam universam non actuetur, supernaturalis erit (§ 474). Ecstases miraculosae sunt possibiles (§ 475, 552), etiam hypothetice (§ 482—500).

§ 554

Si claritatis gradus in sensationibus vigilantis notabiliter remittitur ob vapores in cerebrum ascendentes ex potu, INEBRIATUR seu fit EBRIUS; si ex morbo fiat idem, status ille VERTIGO dicitur, vel simplex vel tenebrosa, seu scotomia.

§ 555

Si clarae sensationes externae cessant, vel motus corporis vitales, quantum observatur, fere iidem manent, et DORMITO (obdormio), vel hi etiam notabilius remittuntur, et DELIQUIUM ANIMI PATIOR.

§ 556

Status obscurarum sensationum externarum, in quo motus corporis vitales, quantum observatur, fere iidem

weniger klar werden, und in der dritten noch weniger klar, indem sie immer einer solchen weicht, die sie noch mehr verdunkelt. Daher werden die Empfindungen, auch wenn sie, soweit man beobachten kann, lange dieselben bleiben, durch die Zeit allein verdunkelt.

§ 551 Empfindungen dauern nicht in gleicher Stärke fort. Wenn sie also so stark wie nur immer möglich geworden sind, lassen sie nach[103].

§ 552 Ich bin wach, solange ich äußerlich klar empfinde; wenn ich in dieser Weise zu empfinden beginne, wache ich auf. Wenn die einzelnen Empfindungen bei einem Gesunden den gewohnten Grad der Klarheit haben, so sagt man, er sei seiner selbst mächtig[104]. Wenn einige von ihnen bei jemandem so lebhaft werden, daß sie die übrigen merklich verdunkeln, gerät er außer sich[105] (vergißt sich, ist nicht bei sich). Der Zustand desjenigen, der durch innere Empfindungen außer sich geraten ist, heißt Ekstase[106] (innere Schau, Begeisterung, geistige Leidenschaft).

§ 553 Die Entzückung ist der Seele natürlich, wenn sie durch deren eigenes Wesen hervorgebracht wird[107]. Ist dies nicht der Fall, so ist sie widernatürlich[108]. Wenn sie durch die gesamte Natur nicht hervorgebracht wird, ist sie übernatürlich[109]. Wunderbare Entzückungen sind an sich möglich[110], auch in bedingter Weise[111].

§ 554 Wenn der Grad der Klarheit in den Empfindungen eines Wachenden infolge der Dünste, die aus einem Getränk ins Gehirn aufsteigen, merklich herabgesetzt ist, so wird er trunken; geschieht dies infolge einer Krankheit, so wird der entsprechende Zustand Schwindel, entweder gewöhnlicher oder finsterer, oder Umnachtung genannt.

§ 555 Wenn die klaren äußeren Empfindungen aufhören, so bleiben die Bewegungen des Körpers, die das Leben ermöglichen, soweit man beobachten kann, entweder fast dieselben: dann bin ich am Einschlafen, oder sie lassen ebenfalls merklich nach: dann erleide ich eine Ohnmacht.

§ 556 Der Zustand der dunklen äußern Empfindungen, in dem die das Leben erhaltenden Bewegungen des Körpers, soweit man beobachten kann, beinahe dieselben blei-

manent, qui sunt in statu vigiliarum, SOMNUS est; in eoque constitutus DORMIT; in quo et hi notabilius remittuntur, est DELIQUIUM ANIMI (syncope, lipothymia, lipopsychia, ecthlipsis): in quo prorsus cessabunt, MORS erit. Ergo somnus, syncope et mors sunt sibi admodum similes (§ 265).

Sectio IV: Phantasia

§ 557

Conscius sum status mei, hinc status mundi, praeteriti (§ 369). Repraesentatio status mundi praeteriti, hinc status mei praeteriti, est PHANTASMA (imaginatio, visum, visio). Ergo phantasmata formo seu imaginor, idque per vim animae repraesentativam universi pro positu corporis mei (§ 513).

§ 558

Habeo facultatem imaginandi seu PHANTASIAM (§ 557, 216). Cumque imaginationes meae sint perceptiones rerum, quae olim praesentes fuerunt (§ 557, 298), sunt sensorum, dum imaginor, absentium (§ 223).

§ 559

PRODUCITUR (evolvitur) PERCEPTIO, quae fit in anima minus obscura; quae fit obscurior, INVOLVITUR; quae involuta olim producitur, REPRODUCITUR (recurrit). Iam imaginationibus producuntur sensa (§ 558), hinc olim producta (§ 542), post involuta (§ 551). Ergo phantasia perceptiones reproducuntur, et nihil est in phantasia, quod non ante fuerit in sensu (§ 534).

§ 560

Motus cerebri coëxsistentes animae repraesentationibus successivis IDEAE MATERIALES vocantur. Hinc ideae materiales sunt in corpore sentientis vel imaginantis animae (§ 508).

ben wie im Zustand des Wachseins, heißt Schlaf; wer in diesen Zustand versetzt ist, schläft. Der Zustand, in dem diese ebenfalls merklich nachlassen, ist die Ohnmacht (Zusammenbruch, Schwinden der Lebenskraft, Kollaps). Der Zustand, in dem sie ganz aufhören werden, das wird der Tod sein. Also sind der Schlaf, die Ohnmacht und der Tod einander sehr ähnlich[112].

4. Abschnitt: Die Phantasie (Einbildungskraft)

§ 557 Ich bin mir meines vergangenen Zustandes, daher auch des vergangenen Zustandes der Welt bewußt[113]. Die Vorstellung des vergangenen Zustandes der Welt, also auch meines vergangenen Zustandes, ist die Einbildung (Imagination, innere Schau, Vision). Also gestalte ich innere Bilder oder ich bilde mir ein, und zwar dank der Kraft der Seele, sich die Welt je nach der Stellung meines Körpers zu vergegenwärtigen.

§ 558 Ich habe die Fähigkeit, mir etwas einzubilden, oder die Phantasie[114]. Und da meine Einbildungen Vorstellungen von Dingen sind, die einst gegenwärtig waren[115], sind sie Einbildungen von Empfundenem, das aber, während ich sie gestalte, abwesend ist[116].

§ 559 Eine Vorstellung, deren Dunkelheit in der Seele abnimmt, wird hervorgebracht (entwickelt); nimmt ihre Dunkelheit zu, so wird sie verhüllt. Eine Vorstellung, die hervorgebracht wird, nachdem sie einmal verhüllt worden ist, wird erneuert (kehrt zurück). Nun wird durch die Einbildungen schon Empfundenes, also einst Hervorgebrachtes und später Verhülltes, hervorgebracht. Folglich werden durch die Einbildungskraft Vorstellungen nur wiederholt, und nichts ist in der Phantasie, was nicht vorher in den Sinnen gewesen ist[117].

§ 560 Die Bewegungen des Gehirns, die gleichzeitig mit den aufeinanderfolgenden Vorstellungen der Seele auftreten, werden materiale Ideen[118] genannt. Also sind materiale Ideen im Körper der empfindenden oder sich etwas einbildenden Seele.

§ 561

Imaginatio et sensatio sunt singularium (§ 539, 534), hinc in universali nexu constitutorum (§ 257). Unde lex imaginationis: percepta idea partiali recurrit eius totalis (§ 306, 514). Haec propositio etiam associatio idearum dicitur.

§ 562

Cum repraesentem, hinc et imaginer (§ 557) pro positu corporis mei (§ 512), ea vero, quae externe sentio, propiora sint corpori quam quae imaginor (§ 535, 558), patet, cur his illa possint clariora et fortiora esse (§ 538). Immo dum sensationes imaginationibus coëxsistentes eas adhuc obscurant (§ 542), nihil tam clare imaginor quam sensi, ita tamen, ut gradus claritatis in imaginatione a gradu claritatis in sensatione dependeant (§ 561).

§ 563

Quae saepius sensi, saepius reproduxi, sunt partes plurium idearum totalium, quam quae rarius (§ 514). Ergo illorum phantasmata in maiori nexu (§ 561) cum pluribus notis adhaerentibus percipiuntur quam horum (§ 530), hinc his sunt extensive clariora seu magis vivida (§ 531). Quae rarius sensi, rarius reproduxi, ob rationem oppositorum oppositam (§ 81), si sentiuntur, habent maiorem novitatis lucem, quam quae saepius (§ 549). Ergo sensationes rarius sensorum et reproductorum sunt, ceteris paribus, magis vividae quam saepius sensorum et reproductorum (§ 531).

§ 564

Sicut sensatio imaginationes obscurat, sic ob eandem rationem imaginatio recentioris fortior obscurat antiquioris imaginationem debiliorem (§ 562), hinc aeque clare sensorum, nisi aliunde impediar, recentius clarius imaginor.

§ 565

Phantasia minima esset, quae unicum fortissime sensum

§ 561 Die Einbildung und die Empfindung vergegenwärtigen einzelne Dinge, also Dinge, die in einen allgemeinen Zusammenhang gestellt sind[119]. Daher das Gesetz der Einbildungskraft: Wenn man sich eine Idee teilweise vorstellt, so kehrt die Vorstellung des Ganzen zurück[120]. Dieser Satz wird auch Ideenassoziation[121] genannt.

§ 562 Da sich meine Vorstellungen und daher auch meine Einbildungen nach der Stellung meines Körpers richten, dasjenige aber, was ich außen empfinde, meinem Körper näher ist, als was ich mir einbilde, so leuchtet ein, warum jenes klarer und stärker sein kann als dieses. Ja, da die Empfindungen, die zusammen mit den Einbildungen auftreten, diese außerdem noch verdunkeln, so bilde ich mir nichts so klar ein, wie ich es empfunden habe, aber doch so, daß der Grad der Klarheit in der Einbildung vom Grad der Klarheit in der Empfindung abhängt.

§ 563 Was ich häufiger empfunden und in der Phantasie erneuert habe, ist ein Teil einer größeren Zahl von ganzen Ideen, als was ich seltener empfunden und wieder erneuert habe. Daher werden die innern Bilder von jenem in einem größern Zusammenhang mit einer größeren Anzahl von Nebenmerkmalen vorgestellt als die innern Bilder von diesem, und so sind sie auch extensiv klarer oder lebhafter. Was ich seltener empfunden und wieder erneuert habe, hat, wenn es empfunden wird, nach dem Gesetz der Gegensätzlichkeit[122] ein größeres Licht der Neuheit, als was ich häufiger empfunden und wieder erneuert habe. Daher sind die Empfindungen des früher seltener Empfundenen und wieder Erneuerten unter gleichen Voraussetzungen lebhafter als diejenigen des häufiger Empfundenen und wieder Erneuerten.

§ 564 Ebenso wie die Empfindung die Einbildungen verdunkelt, aus dem gleichen Grund verdunkelt das stärkere innere Bild von einer noch frischen Empfindung das schwächere von einer weiter zurückliegenden. Daher stelle ich mir von zwei gleich klaren Empfindungen, wenn ich nicht anderswoher daran gehindert werde, die neuere in der Phantasie klarer vor als die ältere[123].

§ 565 Die geringste Einbildung wäre diejenige, die ei-

(§ 562), saepissime reproductum (§ 563) et recentissime (§ 564) cum maxime debilibus et antecedentibus et sociis perceptionibus heterogeneis (§ 529) tamen obscurissime repraesentaret. Ergo quo plura, quo debilius sensa, quo rarius reproducta, post quo longius tempus, quo fortioribus cum perceptionibus sociis et antecedentibus, quo verius, clarius, certius reproducere potest, hoc maior est (§ 219).

§ 566

Quo hebetior aut acutior est sensus, a quo sensam rem imaginor, hoc obscurior aut clarior esse potest eius rei imaginatio (§ 562, 540).

§ 567

Imaginationes a sensationibus distinguo 1) gradu claritatis (§ 562), 2) status, quem sistunt, praeteriti et praesentis, quem sensationes sistunt, impossibili coëxsistentia (§ 298). Hinc si imaginationes fortiores et debiliores sensationes sint, quantum observatur, claritate aequales, tamen restat discrimen alterum, circumstantiarum diversitas (§ 323). Ex quibus ubi patet ambas perceptiones non esse sensationes, illam pro sensatione habeo, in qua maximam compossibilitatem et nexum cum sensationibus sociis, imaginationibus, praesertim proxime praeviis, et futurorum, praesertim instantium, perceptionibus clare percipio (§ 544). Ergo alteram non esse sensationem clare cognosco (§ 38, 67).

§ 568

Facilior fit imaginatio (§ 527) 1) si imaginandum clarius sensum est (§ 562), 2) saepius reproductum (§ 563), 3) per intervalla debiliorum repraesentationum, ut semper habuerit lucem novitatis (§ 549), 4) non ita pridem (§ 564), 5) debiliores sequatur et 6) comitetur perceptiones heterogeneas (§ 516, 549), hinc aut nullas aut non admodum claras sensationes heterogeneas (§ 562), 7) sequatur autem aut

nen einzigen sehr starken, sehr oft und gerade neu wiederholten sinnlichen Eindruck zusammen mit sehr schwachen sowohl vorausgehenden als auch begleitenden[124] andersartigen Vorstellungen dennoch nur sehr dunkel vergegenwärtigen würde. Je mehr also eine Einbildung je schwächer Empfundenes, je seltener und nach je längerer Zeit Wiederholtes zusammen mit je stärkeren begleitenden und vorausgehenden Vorstellungen je wahrer, klarer und sicherer wieder hervorbringen kann, desto bedeutender ist sie[125].

§ 566 Je stumpfer oder schärfer ein Sinn ist, durch den ich eine Sache empfunden habe, die ich mir einbilde, umso dunkler oder klarer kann die Einbildung dieser Sache sein.

§ 567 Ich unterscheide die Einbildungen von den Empfindungen 1) nach dem Grad ihrer Klarheit, 2) dadurch, daß der vergangene Zustand, den die Einbildungen, und der gegenwärtige, den die Empfindungen hervorbringen, unmöglich zugleich existieren können[126]. Wenn also stärkere Einbildungen und schwächere Empfindungen, soweit man beobachten kann, der Klarheit nach gleich sind, so bleibt dennoch ein anderes Unterscheidungmerkmal, nämlich die Verschiedenheit der Umstände[127]. Wenn aus diesen klar wird, daß nicht beide Vorstellungen Empfindungen sind, so halte ich diejenige für eine Empfindung, in der ich die größte gemeinsame Möglichkeit und den größten Zusammenhang mit den gleichzeitigen Empfindungen, mit den Einbildungen, vor allem den eben vergangenen, und den Vorstellungen des Zukünftigen, vor allem des unmittelbar Bevorstehenden, klar erkennen kann. Infolgedessen sehe ich klar ein, daß die andere Vorstellung keine Empfindung ist[128].

§ 568 Die Einbildung wird erleichtert 1) wenn ihr Gegenstand etwas klarer Empfundenes, 2) etwas häufiger Wiederholtes ist, 3) durch das Dazwischentreten schwächerer Vorstellungen, so daß sie stets das Licht der Neuheit behält, 4) wenn der Gegenstand der Einbildung auf nicht allzu weit zurückliegende, 5) schwächere andersartige Vorstellungen folgt und 6) solche Vorstellungen und daher entweder keine oder nicht sehr klare andersartige Empfindungen begleitet, 7) wenn er solchen Vorstellungen nach-

comitetur repraesentationes, quae sociae imaginandi saepius fuerunt (§ 561).

§ 569

Impeditur imaginatio 1) impediendo parum aut prorsus non imaginandi sensationem secundum § 543 et 2) reproductionem, praesertim 3) interruptam debilioribus perceptionibus, quia ipsa continuatio non interrupta obscurat (§ 550), 4) ipsa reproductionis mora, dum interim multa vividius cogitantur (§ 564), 5) si fortiores perceptiones sequatur aut 6) comitetur heterogeneas, hinc tales sensationes aut imaginationes aut perceptiones, vel singulas vel simul sumptas (§ 542), quaeque 7) parum aut prorsus non imaginando numquam aut rarius sociae fuerunt (§ 561, 221).

§ 570

Cum in omni sensatione sit aliquid obscuri (§ 544) et imaginatio semper sit sensatione eiusdem minus clara (§ 562), imaginationi etiam distinctae multum inerit confusionis, et omnis imaginatio est sensitiva (§ 522), formanda per facultatem cognoscitivam inferiorem (§ 520). Scientia imaginando cogitandi et ita cogitata proponendi est AESTHETICA PHANTASIAE.

§ 571

Phantasia si repraesentet totaliter eadem, quae sensi, imaginationes verae sunt (§ 546, 38) nec VANA PHANTASMATA seu imaginationes falsae, licet non aequali totaliter claritate percipiantur (§ 558, 562). Habitus vana phantasmata formandi est PHANTASIA EFFRAENIS, SUBACTA contra habitus vere imaginandi.

Sectio V: Perspicacia

§ 572

Identitates diversitatesque rerum percipio. Ergo habeo facultatem identitates diversitatesque rerum percipiendi

folgt oder sie begleitet, die öfter mit ihm verbunden gewesen sind.

§ 569 Die Einbildung wird 1) dadurch gehemmt, daß die Empfindung ihres Gegenstandes nur wenig oder gar nicht verhindert wird (gemäß § 543), 2) dadurch, daß die Wiederholung verhindert wird, vor allem, wenn diese 3) durch schwächere Vorstellungen unterbrochen wird, wo sie doch schon durch eine ununterbrochene Fortdauer geschwächt wird, 4) durch die Verzögerung der Wiederholung, indem man unterdessen vieles sehr lebhaft denkt, 5) wenn sie auf stärkere andersartige Vorstellungen folgt oder 6) solche Vorstellungen, daher auch solche Empfindungen oder Einbildungen oder auch Vorstellungen, die entweder einzeln oder miteinander erfaßt werden, begleitet, und wenn diese 7) mit dem Gegenstand der Einbildung nie oder nur selten in geringem Grad oder überhaupt nicht verbunden waren[129].

§ 570 Da in jeder Empfindung Dunkelheit ist und die Einbildung stets weniger klar ist als die entsprechende Empfindung, so wird auch in der deutlichen Einbildung viel Verworrenheit sein. Und alle Einbildung ist sinnlich und muß durch das untere Erkenntnisvermögen gestaltet werden. Die Wissenschaft des in der Einbildung sich vollziehenden Denkens und der Darstellung des so Gedachten ist die Ästhetik der Phantasie.

§ 571 Wenn die Phantasie dasjenige, was ich empfunden habe, vollständig vergegenwärtigt, handelt es sich um wahre Einbildungen[130] und nicht um leere Wahnvorstellungen oder falsche Einbildungen, auch wenn sie nicht mit der genau gleichen Klarheit vorgestellt werden. Die Fertigkeit, leere Wahnvorstellungen zu gestalten, ist die zügellose[131], die Fertigkeit, wahre Einbildungen zu erzeugen, die gezähmte Phantasie[132].

5. Abschnitt: Das Vermögen durchdringender Einsicht

§ 572 Ich erkenne die Übereinstimmungen und die Verschiedenheiten der Dinge. Also habe ich die Fähigkeit, die Übereinstimmungen und die Verschiedenheiten der

(§ 216). Prior facultas esset minima, si ad duorum tantum fortissime perceptorum, maxime eorundem, unicam minimam identitatem inter maxime debiles socias et antecedentes perceptiones heterogeneas debilissime repraesentandam sufficeret. Ergo quo plurium, quo minus notorum, quo magis diversorum, quo plures, quo maiores identitates, hinc congruentias, aequalitates, ergo et aequalitates rationum seu PROPORTIONES, similitudines, quo fortiores inter socias et antecedentes perceptiones heterogeneas, quo clarius percipit, hoc maior est (§ 219). Habitus identitates rerum observandi est INGENIUM STRICTIUS DICTUM.

§ 573

Facultas diversitates rerum percipiendi minima esset, quae duorum tantum fortissime perceptorum maxime diversorum unicam minimam diversitatem inter maxime debiles antecedentes et socias perceptiones heterogeneas remississime perciperet. Ergo quo plurium, quo minus notorum, quo magis eorundem, quo plures, quo maiores diversitates, hinc discongruentias, inaequalitates, ergo et inaequalitates rationum seu DISPROPORTIONES, dissimilitudines, quo fortiores inter antecedentes et socias heterogeneas perceptiones, quo fortius repraesentat, hoc maior est (§ 219). Habitus diversitates rerum observandi ACUMEN est. Acutum ingenium est PERSPICACIA.

§ 574

Facultatis identitates rerum perspiciendi, hinc ingenii (§ 572), haec est lex: Repraesentata nota τοῦ A ut nota τοῦ B, repraesentantur A et B ut eadem (§ 38). Facultatis diversitates rerum percipiendi, hinc acuminis (§ 573), haec est lex: Repraesentata nota τοῦ A ut repugnante τῷ B, A et B percipiuntur ut diversa (§ 38).

§ 575

Identitates diversitatesque rerum vel distincte percipio

Dinge zu erkennen[133]. Die erste Fähigkeit wäre am geringsten, wenn sie genügen würde, um eine einzige sehr geringe Übereinstimmung von nur zwei sehr starken und sehr ähnlichen Vorstellungen unter sehr schwachen begleitenden und vorausgehenden andersartigen Vorstellungen sehr schwach zu vergegenwärtigen[134]. Von je mehr also, von je weniger bekannten, von je verschiedeneren Dingen sie je mehr, je größere Übereinstimmungen, also Entsprechungen, Gleichmässigkeiten, also auch Gleichmässigkeiten der Verhältnisse oder Proportionen[135], Ähnlichkeiten unter je stärkeren begleitenden und vorausgehenden andersartigen Vorstellungen je klarer erkennt, umso bedeutender ist sie[136]. Die Fertigkeit, die Übereinstimmungen der Dinge zu erfassen, ist der Geist im engeren Sinne[137].

§ 573 Die Fähigkeit, die Verschiedenheiten der Dinge zu erkennen, wäre am geringsten, wenn sie eine einzige sehr kleine Verschiedenheit von nur zwei sehr starken und sehr verschiedenen Vorstellungen unter sehr schwachen vorausgehenden und begleitenden andersartigen Vorstellungen sehr schwach erkennen würde. Von je mehr also, von je weniger bekannten, von je ähnlicheren Dingen sie je mehr, je größere Verschiedenheiten, also Widersprüche, Ungleichmäßigkeiten, also auch Ungleichmäßigkeiten der Verhältnisse oder Disproportionen[138], Unähnlichkeiten unter je stärkeren vorausgehenden und begleitenden andersartigen Vorstellungen je stärker vergegenwärtigt, umso bedeutender ist sie[139]. Die Fertigkeit, die Verschiedenheiten der Dinge zu erfassen, ist der Scharfsinn[140]. Der scharfsinnige Geist ist das Vermögen durchdringender Einsicht[141].

§ 574 Das Gesetz des Vermögens, die Übereinstimmungen der Dinge zu durchdringen, also des Geistes, lautet wie folgt: Wenn ein Merkmal des A zugleich als Merkmal des B vorgestellt wird, so werden A und B als übereinstimmend vorgestellt[142]. Das Gesetz des Vermögens, die Verschiedenheiten der Dinge zu erkennen, also des Scharfsinns, lautet wie folgt: Wenn ein Merkmal des A als ein Merkmal vorgestellt wird, das B widerspricht, so werden A und B als verschieden erkannt[142].

§ 575 Ich erkenne die Übereinstimmungen und die

vel sensitive (§ 521). Hinc facultates identitates diversitatesque percipiendi, adeoque ingenium, acumen et perspicacia (§ 572, 573), vel sensitiva sunt vel intellectualia (§ 402). AESTHETICA PERSPICACIAE est aesthetices pars de ingeniose et acute cogitando et proponendo.

§ 576

Cum omnia in hoc mundo sint partim eadem, partim diversa (§ 265, 269), repraesentationes identitatum diversitatumque in iisdem, hinc et INGENII (foetus) LUSUS, i. e. cogitationes ab ingenio dependentes, et SUBTILITATES, cogitationes ab acumine dependentes, actuantur per vim animae repraesentativam universi (§ 513). Lusus INGENII falsi eius ILLUSIONES et falsae subtilitates INANES ARGUTATIONES vocantur.

§ 577

Facultatum animae maiores gradus cum sint habitus (§ 219) et crebra repetitio actionum homogenearum seu qua differentiam specificam similium sit EXERCITIUM: exercitio augentur animae habitus (§ 162). HABITUS animae non dependentes ab exercitio, naturales tamen CONNATI (dispositiones naturales): dependentes ab exercitio ACQUISITI, supernaturales INFUSI, facultatum cognoscitivarum habitus THEORETICI vocantur.

§ 578

Acumen et ingenium strictius sumptum, hinc perspicacia (§ 572, 573), sunt habitus theoretici (§ 577, 519); quo maiores sunt connati, hoc facilius augentur exercitio (§ 577, 527). Idem valet de habitu sentiendi et imaginandi (§ 535, 558). In quo notabilior igenii defectus, STUPIDUM (pingue ingenium), acuminis, OBTUSUM CAPUT est. In quo notabilior utriusque defectus, est HOMO BLITEUS. Omnis error, cum falsum cum vero pro eodem habeat (§ 515), est

Verschiedenheiten der Dinge entweder deutlich oder sinnlich. Also sind die Fähigkeiten, die Übereinstimmungen und die Verschiedenheiten zu erkennen, und so auch der Geist, der Scharfsinn und das Vermögen durchdringender Einsicht, entweder sinnlich oder verstandesgemäß[143]. Die Ästhetik der durchdringenden Einsicht ist derjenige Teil der Ästhetik, der das geistreiche und scharfsinnige Denken und Darstellen behandelt.

§ 576 Weil alle Dinge in dieser Welt teils gleich, teils verschieden[144] sind, so werden die Vorstellungen der Übereinstimmungen und Verschiedenheiten in ihnen, also auch die Spiele des Geistes[145] (der Schöpferkraft), d. h. die vom Geist stammenden Gedanken, und die Feinheiten[146], die vom Scharfsinn abhängenden Gedanken, durch die Kraft der Seele, sich die Welt zu vergegenwärtigen, hervorgebracht. Die falschen Spiele des Geistes werden dessen Spiegelfechtereien[147] und die falschen Feinheiten leere Spitzfindigkeiten[148] genannt.

§ 577 Da die höheren Grade der seelischen Vermögen Fertigkeiten[149] sind und die häufige Wiederholung gleichartiger oder im Hinblick auf den spezifischen Unterschied ähnlicher Handlungen die Übung ist, so werden die Fertigkeiten der Seele durch die Übung gefördert[150]. Diejenigen Fertigkeiten der Seele, die nicht von der Übung abhängen, dennoch aber natürlich sind, werden angeborene (natürliche Anlagen), diejenigen, die von der Übung abhängen, erworbene, die übernatürlichen eingegebene[151] und die den Erkenntnisvermögen entspringenden theoretische Fertigkeiten genannt.

§ 578 Der Scharfsinn und der Geist im engeren Sinn und so auch das Vermögen durchdringender Einsicht sind theoretische Fertigkeiten. In je höherem Grad diese angeboren sind, desto leichter werden sie durch die Übung gefördert. Das gleiche gilt für die Fertigkeit der Empfindung und der Einbildung. Wer einen merklichen Mangel an Geist zeigt, ist dumm (ein schwerfälliger Geist), wer einen Mangel an Scharfsinn zeigt, ein schwacher Kopf[152]. Wer in beiderlei Hinsicht einen bemerkenswerten Mangel zeigt, ist ein stumpfer Mensch. Weil jeder Irrtum das Falsche mit der

illusio facultatis identitates rerum percipiendi (§ 576, 572), acumine impediendus (§ 573, 221). Hinc errores sunt occasio subtilitatum (§ 576, 323).

Sectio VI: Memoria

§ 579

Reproductam repraesentationem percipio eandem, quam olim produxeram (§ 572, 559), i. e. RECOGNOSCO (recordor). Ergo habeo facultatem reproductas perceptiones recognoscendi seu MEMORIAM (§ 216) eamque vel sensitivam vel intellectualem (§ 575).

§ 580

Lex memoriae est: Repraesentatis pluribus perceptionibus successivis usque ad praesentem partialem communem habentibus, partialis communis repraesentatur ut contenta in antecedente et sequente (§ 572) adeoque memoria actuatur per vim animae repraesentativam universi (§ 557, 576).

§ 581

Quae ita percipiuntur, ut facilius olim recognosci possint, MEMORIAE MANDO. Hinc quae saepius clariusque reproducuntur secundum § 557, 558, 549, 568 attendendo ad identitates diversitatesque singularum perceptionum, alte memoriae mandantur (§ 527).

§ 582

Si perceptio recurrit, eam aut valeo clare recognoscere, tunc obiectum eius MEMORIA TENERE dicor, aut non possum (§ 10) et obiecti illius OBLITUS SUM. Hinc impotentia reproductam perceptionem recognoscendi est OBLIVIO. Per quod memini, cuius oblitus eram, id mihi ALIQUID IN MEMORIAM REVOCAT. Per ideas socias mihi aliquid in memoriam revoco, i. e. REMINISCOR. Ergo habeo facultatem reminiscendi seu REMINISCENTIAM (§ 216).

Wahrheit verwechselt, bedeutet er ein Versagen der Fähigkeit, die Übereinstimmungen[153] der Dinge zu erkennen, das nur durch den Scharfsinn verhindert werden kann[154]. Daher geben die Irrtümer Gelegenheit zu scharfsinnigen Gedanken[155].

6. Abschnitt: Das Gedächtnis

§ 579 In einer erneuerten Vorstellung erkenne ich dieselbe, die ich früher hervorgebracht habe, d. h. ich erkenne wieder (erinnere mich). Also habe ich die Fähigkeit, erneuerte Vorstellungen wiederzuerkennen, oder das Gedächtnis[156], das entweder sinnlich oder dem Verstande gemäß ist.

§ 580 Das Gesetz des Gedächtnisses lautet: Wenn mehrere aufeinanderfolgende Vorstellungen bis hin zu der jetzigen vergegenwärtigt werden, und zwar Vorstellungen, die einen Teil miteinander gemeinsam haben, so wird der gemeinsame Teil als in der vorausgehenden und der nachfolgenden enthalten vorgestellt. Und in diesem Sinn wird das Gedächtnis durch die Kraft der Seele, sich die Welt vorzustellen, in Tätigkeit gesetzt.

§ 581 Was so vorgestellt wird, daß es künftig leichter wiedererkannt werden kann, das vertraue ich dem Gedächtnis an[157]. Was also häufiger und klarer wieder erneuert wird, indem man gemäß den §§ 557, 558, 549, 568 auf die Übereinstimmungen und die Verschiedenheiten der einzelnen Vorstellungen achtet, das wird dem Gedächtnis tief eingeprägt.

§ 582 Wenn eine Vorstellung zurückkehrt, so vermag ich sie entweder klar wiederzuerkennen, dann heißt es: ich habe ihren Gegenstand noch im Gedächtnis, oder ich vermag es nicht[158]: ich habe ihren Gegenstand vergessen. Also ist das Unvermögen, eine erneuerte Vorstellung wiederzuerkennen, das Vergessen. Wodurch ich mich einer Sache erinnere, die ich vergessen habe, das ruft mir etwas ins Gedächtnis zurück[159]. Durch miteinander verknüpfte Vorstellungen[160] rufe ich mir etwas ins Gedächtnis zurück, d. h. ich entsinne mich. Also habe ich die Fähigkeit, mich

§ 583

Reminiscentia est memoria (§ 582, 579) hanc regulam sequens: reproductae mediantibus ideis sociis perceptionis memini (§ 580, 516). Reminiscentia per ideas loci socias recordata est MEMORIA LOCALIS, per ideas aetatis socias est SYNCHRONISMUS.

§ 584

Memoria minima esset, quae unicum minimum intentissime, saepissime, recentissime reproductum maxime debiles inter perceptiones antecedentes et socias heterogeneas remississime recognosceret. Quo ergo plura, quo maiora, quo remissius, quo rarius reproducta, post quo longius tempus heterogeneis fortissimis perceptionibus transactum (§ 564), quo fortiores inter antecedentes et socias perceptiones heterogeneas, quo intentius recognoscit, hoc maior est (§ 219).

§ 585

Memoria maior BONA et FELIX dicitur, et quatenus plura et magna recognoscere potest, DIFFUSA (dives, vasta), quatenus remissius etiam reproductum inter sat fortes repraesentationes socias et antecedentes heterogeneas, FIRMA, quatenus recognoscere potest post longius temporis intervallum satis fortibus perceptionibus heterogeneis occupatum, TENAX, quatenus rarius reproductum, CAPAX, quatenus intentius quaedam recognoscere valet, VEGETA, quatenus parum opus est, ut reminiscatur, PROMPTA dicitur.

§ 586

Insignis bonae memoriae defectus est OBLIVIOSITAS. Error ex memoria dependens LAPSUS MEMORIAE dicitur. Iam memoria potest perceptionem antecedentem in eo gradu eandem sistere cum sequente, in quo tamen non est eadem. Ergo memoria est LABILIS, i. e. cui lapsus sunt possibiles.

wieder zu erinnern, oder das Vermögen der Wiedererinnerung[161].

§ 583 Das Vermögen der Wiedererinnerung ist dem Gedächtnis gleichzusetzen, das sich an folgende Regel hält: Ich erinnere mich an eine erneuerte Vorstellung durch die Vermittlung von mit ihr verbundenen Vorstellungen. Die Fähigkeit, sich durch miteinander verbundene örtliche Vorstellungen wieder zu erinnern, ist das Ortsgedächtnis[162]; bei miteinander verbundenen zeitlichen Vorstellungen handelt es sich um den Synchronismus[163].

§ 584 Dasjenige Gedächtnis wäre das geringste, das eine einzige sehr kleine, sehr aufmerksam, sehr häufig und eben gerade wieder erneuerte Vorstellung unter sehr schwachen vorausgehenden und begleitenden andersartigen Vorstellungen sehr schwach wiedererkennen würde. Je mehr also das Gedächtnis, je Größeres, je schwächer und je seltener Wiederholtes, nach je längerer durch sehr starke andersartige Vorstellungen in Anspruch genommener Zeit, unter je stärkeren vorausgehenden und begleitenden andersartigen Vorstellungen je achtsamer wiedererkennt, umso bedeutender ist es[164].

§ 585 Ein größeres Gedächtnis wird ein gutes und glückliches genannt, und insofern es Dinge in größerer Zahl und Bedeutendes wiederzuerkennen vermag, ein umfassendes (reiches, weites), insofern auch schwächer Wiederholtes unter recht starken gleichzeitigen und vorausgehenden andersartigen Vorstellungen, ein zuverlässiges; insofern es nach längerer Zeit der Beschäftigung mit recht starken andersartigen Vorstellungen etwas wiederzuerkennen vermag, ein dauerhaftes, insofern seltener Wiederholtes, ein fähiges; insofern es einiges in höherer Intensität wiederzuerkennen vermag, ein frisches; insofern es wenig braucht, um sich zu erinnern, ein leicht verfügbares[165].

§ 586 Ein besonderer Mangel an gutem Gedächtnis ist die Vergesslichkeit. Ein Irrtum, der vom Gedächtnis abhängt, heißt Fehler des Gedächtnisses. Nun kann das Gedächtnis eine vorausgehende Vorstellung in einem solchen Grad als übereinstimmend mit der nachfolgenden hinstellen, in welchem sie es nicht ist. Also ist das Gedächtnis

Memoria non admodum labilis est FIDA. Ingeniosis non est admodum fida memoria (§ 576), sed acumine augetur eius fidelitas (§ 573).

§ 587

Complexus regularum perficiendae memoriae est ARS MNEMONICA. Mnemonica memoriae sensitivae (§ 579) est pars aestheticae (§ 533) regulas extendendae, confirmandae, conservandae, excitandae, capacioris fideliorisque reddendae memoriae praescribens (§ 586, 585).

§ 588

Si phantasma antecedens cum sequente sensatione vel imaginatione in eo gradu pro eodem habetur, in quo non est idem, orietur vanum phantasma (§ 571) per lapsum memoriae (§ 586), ex fonte errorum (§ 578), quod si per eandem genesin (§ 586, 578) pro sensatione habeatur (§ 548), orietur fallacia sensuum (§ 546, 545).

Sectio VII: Facultas fingendi

§ 589

Combinando phantasmata et PRAESCINDENDO, i. e. attendendo ad partem alicuius perceptionis tantum, FINGO. Ergo habeo facultatem fingendi (§ 216) POETICAM. Combinatio cum sit repraesentatio plurium ut unius, hinc facultate identitates rerum percipiendi actuetur (§ 572, 155), facultas fingendi per vim animae repraesentativam universi actuatur (§ 557, 576).

§ 590

Facultatis fingendi haec est regula: Phantasmatum partes percipiuntur ut unum totum (§ 589). Perceptiones hinc ortae FICTIONES (figmenta), eaeque falsae CHIMERAE dicuntur, vana phantasmata (§ 571).

§ 591

Pone combinari insociabilia (§ 589) aut praescindi fingendo, quibus sublatis tollitur imaginandum, ut essentialia, essentiam (§ 63), attributa (§ 64), aut tolli a fingendo

schwankend, d. h. Fehlleistungen sind bei ihm möglich. Ein nicht allzu schwankendes Gedächtnis ist treu. Geistvolle Menschen haben kein allzu treues Gedächtnis, doch durch den Scharfsinn wird seine Treue erhöht.

§ 587 Der Inbegriff der Regeln für die Vervollkommnung des Gedächtnisses ist die Gedächtniskunst. Die Kunst des sinnlichen Gedächtnisses ist derjenige Teil der Ästhetik, der die Regeln vorschreibt, wie das Gedächtnis erweitert, gefestigt, bewahrt, geweckt, fassungskräftiger und treuer gemacht werden kann.

§ 588 Wenn eine vorausgehende Einbildung mit einer nachfolgenden Empfindung oder Einbildung in einem solchen Grad für übereinstimmend gehalten wird, in dem sie es nicht ist, so entsteht durch den Irrtum des Gedächtnisses aus der Quelle aller Irrtümer gemäß § 578 eine leere Einbildung; wenn sie aus demselben Grund für eine Empfindung gehalten wird, so entsteht eine Sinnestäuschung.

7. Abschnitt: Das Dichtungsvermögen

§ 589 Dadurch, daß ich Einbildungen miteinander verbinde und absondere[166], d. h. die Aufmerksamkeit nur auf einen Teil einer Vorstellung richte, dichte ich. Also habe ich die Fähigkeit zu dichten[167]: das Dichtungsvermögen. Da die Verbindung nichts anderes ist als die Vorstellung vieler Dinge in einer Einheit, da sie also durch die Fähigkeit, die Übereinstimmungen der Dinge zu erkennen, zustande gebracht wird[168], so wird das Dichtungsvermögen durch die Kraft der Seele, sich die Welt zu vergegenwärtigen, in Tätigkeit gesetzt.

§ 590 Die Regel des Dichtungsvermögens lautet: Die Teile verschiedener Einbildungen werden als ein Ganzes erfaßt. Die daraus entstandenen Vorstellungen werden Erdichtungen und die falschen unter ihnen Chimären oder leere Einbildungen genannt.

§ 591 Setze den Fall, daß Unvereinbares verbunden wird oder daß durch das Erdichten dasjenige abgesondert wird, durch dessen Ausschaltung die Einbildung aufgehoben ist, z. B. die Wesenszüge, das Wesen[169] selbst, die Ei-

omnes modos, omnes relationes aut aliquos modos, aliquas relationes, ad actuale et individuum constituendum necessariis aliis non substitutis, repraesentari tamen fingendum ut individuum et actuale (§ 54, 148), orientur in his casibus singulis chimerae (§ 590), per illusionem facultatis identitates rerum percipiendi (§ 576, 578), adeoque vana phantasmata (§ 590) lapsu memoriae per apparentem recognitionem admodum corroboranda (§ 588, 515).

§ 592

Facultas fingendi minima esset, quae duo minima tantum fortissima phantasmata remississime combinaret aut unicam unius maximi phantasmatis partem minimam levissime praescinderet (§ 530, 589). Ergo quo plura, quo maiora, quo minus fortia combinabit, quo plures, quo maiores, quo plurium, quo minorum phantasmatum partes, quo magis praescindet, quo magis utrumque facit quoque fortius, hoc maior est (§ 219, 590). Maior facultas fingendi FERTILIS (fecunda), ad chimaeras proclivis EXORBITANS (extravagans, rhapsodica), ab iis cavens ARCHITECTONICA dici potest. AESTHETICA MYTHICA est aesthetices pars de fictionibus excogitandis et proponendis.

§ 593

Dormiens si clare imaginor, SOMNIO. Imaginationes somniantis sunt SOMNIA SUBIECTIVE SUMPTA (§ 91), vel vera (§ 571) vel fallacia (§ 588, 591), vel per naturam animae actuata secundum § 561, 574, 580, 583, 590 naturalia (§ 470) vel non naturalia animae, quae sunt ipsi praeternaturalia. Haec si per naturam universam non actuantur, erunt supernaturalia (§ 474).

§ 594

Dormientis phantasia magis effraenis (§ 571) et facultas fingendi exorbitantior quam vigilantis (§ 592) non obscu-

genschaften[170], oder daß von dem erdichteten Gegenstand alle zufälligen Beschaffenheiten und Bezüge oder auch nur einige von ihnen abgesondert werden, ohne daß andere notwendige Beschaffenheiten und Bezüge, die ein Wirkliches und Einzelnes ausmachen, an deren Stelle gesetzt werden, daß aber dennoch der Gegenstand der Erdichtung als etwas Einzelnes und Wirkliches[171] vorgestellt wird: In allen diesen Fällen entstehen jeweils Chimären, und zwar infolge eines Versagens der Fähigkeit, die Übereinstimmungen der Dinge zu erkennen, und so auch leere Einbildungen, die durch einen Irrtum des Gedächtnisses infolge einer Scheinerinnerung noch verstärkt werden können.

§ 592 Diejenige Fähigkeit zu dichten wäre die geringste, die nur zwei sehr kleine, aber sehr starke Einbildungen sehr lose miteinander verbinden oder einen einzigen winzigen Teil einer einzigen sehr großen Einbildung nur ganz leicht absondern würde. Je mehr also, je Größeres, je weniger Starkes sie verbinden, je mehr und je größere Teile von je mehr und je kleineren Einbildungen sie je mehr absondern wird, in je höherem Grad und je stärker sie beides vollzieht, desto bedeutender[172] ist sie. Man kann das grössere Dichtungsvermögen das fruchtbare, das zu Chimären neigende das unbändige (extravagante, rhapsodische), das sich vor ihnen hütende das wohlgeordnete nennen. Die mythische[173] Ästhetik ist derjenige Teil der Ästhetik, der das Ausdenken und das Darstellen von Erdichtungen behandelt.

§ 593 Wenn ich im Schlafe klare Einbildungen habe, träume ich. Die Einbildungen des Träumenden sind subjektiv genommene Träume[174]; sie sind entweder wahr oder täuschend, entweder gemäß den §§ 561, 574, 580, 583, 590 durch die Natur der Seele hervorgebracht, also natürlich[175], oder solche, die nicht der Natur der Seele entstammen, sondern ihr widersprechen. Wenn sie durch die gesamte Natur nicht hervorgebracht werden, werden sie übernatürlich sein[176].

§ 594 Die Einbildungskraft ist im Schlafe zügelloser und das Dichtungsvermögen unbändiger als im wachen Zu-

ratas fortioribus sensationibus vividiores imaginationes et fictiones producunt (§ 549). Quorum somnia comitari solent observabiliores motus corporis externi sensationum similium in vigilantibus comites, sunt NOCTAMBULI. Qui ergo vigilantes quasdam imaginationes pro sensationibus habere solent, PHANTASTAE (visionarii, fanatici), qui eas prorsus cum sensationibus confundunt, sunt DELIRI, ut adeo DELIRIUM sit status vigilantis imaginationes pro sensationibus, sensationes pro imaginationibus habitualiter habentis.

Sectio VIII: Praevisio

§ 595

Conscius sum status mei, hinc status mundi futuri (§ 369). Repraesentatio status mundi, hinc status mei futuri est PRAEVISIO. Praevideo, hinc habeo facultatem praevidendi (§ 216) actuandam per vim animae repraesentativam universi pro positu corporis mei (§ 513).

§ 596

Lex praevisionis est: Percepta sensatione et imaginatione communem partialem perceptionem habentibus prodit perceptio totalis futuri status, in quo partes sensationis imaginationisque diversae coniungentur: i. e. Ex praesenti impraegnato per praeteritum nascitur futurum.

§ 597

Cum repraesentem, hinc et praevideam (§ 595) pro positu corporis mei (§ 512), ea vero, quae externe sentio, propiora sint corpori, quam quae praevideo, olim demum sensurus (§ 535), patet, cur his illa possint clariora et fortiora esse (§ 529). Quia hinc sensationes praevisionibus coëxsistentes eas adhuc obscurant (§ 542), nihil tam clare

stand; sie bringen lebhaftere, nicht durch stärkere Empfindungen verdunkelte Einbildungen und Erdichtungen hervor. Menschen, deren Träume von den gleichen leicht bemerkbaren äußern Bewegungen des Körpers begleitet zu sein pflegen, die auch im wachen Zustand mit den entsprechenden Empfindungen verknüpft sind, heißen Nachtwandler. Diejenigen, die im Wachen bestimmte Einbildungen für Empfindungen zu halten pflegen, sind Schwärmer (Visionäre, Besessene), diejenigen, welche sie gänzlich mit den Empfindungen verwechseln, Verrückte[177], und so ist die Verrücktheit der Zustand eines Wachenden, der gewohnheitsmäßig die Einbildungen für Empfindungen und die Empfindungen für Einbildungen hält.

8. Abschnitt: Das Vermögen der Voraussicht

§ 595 Ich bin mir meines zukünftigen Zustandes, daher auch des zukünftigen Zustandes der Welt[178], bewußt. Die Vorstellung des zukünftigen Zustandes der Welt, also auch meines eigenen, ist die Voraussicht[179]. Ich sehe voraus, also habe ich die Fähigkeit, vorauszusehen[180], die durch die Kraft der Seele, sich die Welt je nach der Stellung meines Körpers vorzustellen, in Tätigkeit gesetzt werden muß.

§ 596 Das Gesetz der Voraussicht lautet: Wenn eine Empfindung und eine Einbildung vorgestellt werden, die eine Teilvorstellung miteinander gemeinsam haben, so geht daraus die ganze Vorstellung des zukünftigen Zustandes hervor, in dem sich die verschiedenen Teile der Empfindung und der Einbildung miteinander verbinden. Das heißt: Aus der von der Vergangenheit durchdrungenen Gegenwart geht die Zukunft hervor.

§ 597 Daraus, daß ich je nach der Stellung meines Körpers vorstelle, also auch voraussehe, dasjenige aber, was ich außen empfinde, dem Körper näher ist als das, was ich voraussehe und erst in der Zukunft empfinden werde, wird deutlich, warum jenes klarer und stärker sein kann als dieses. Weil also die Empfindungen, die zusammen mit den Vorstellungen des Zukünftigen auftreten, diese stets verdunkeln, sehe ich nichts so klar voraus, wie

praevideo, quam sensurus sum, sed ita tamen, ut gradus claritatis in praevisione a gradu claritatis in futura sensatione dependeat (§ 596).

§ 598

Quae saepius, sensi, saepius imaginatus sum, clarius praevideo, quam quae rarius (§ 563, 596). Imaginationes iam sensa, id est fortissime percepta sistunt (§ 542, 558). Hinc fortiores etiam hae praevisionibus nondum fortissime percepta sistentibus (§ 597) eas una cum sensationibus gnaviter obscurant (§ 529). Cumque praevisio propius instantis possit esse clarior praevisione remotius instantis (§ 597), obscurabit in eo casu etiam praevisio propioris praevisionem remotioris, remotiorisque obscuritas propioris illustrabit praevisionem (§ 549). Ergo aeque clare sentiendorum propius instans clarius praevideo quam remotius (§ 549).

§ 599

Facultas praevidendi minima esset, quae unicum fortissime proximeque sentiendum (§ 597, 598), saepissime sensum et imaginando reproductum, maxime debiles inter perceptiones socias et praevias heterogeneas tamen remississime repraesentaret (§ 595). Ergo quo remissius sentienda, quo magis remota, quo rarius sensa aut imaginando reproducta, quo fortiores inter perceptiones praevias et socias, quo fortius repraesentat, hoc maior est praevidendi facultas (§ 219).

§ 600

Quo hebetior aut acutior sensus, a quo ex parte iam sensum praevideo, quo minor aut maior praevisuri phantasia (§ 565), hoc obscurior aut clarior erit praevisio (§ 596).

§ 601

Praevisiones a sensationibus imaginationibusque distinguo 1) gradu claritatis, quo et sensationibus et imaginationibus cedunt (§ 597, 598), 2) impossibili coëxsistentia

ich es empfinden werde, aber doch so, daß der Grad der Klarheit in der Voraussicht vom Grad der Klarheit in der zukünftigen Empfindung abhängt.

§ 598 Was ich häufiger empfunden und mir öfter eingebildet habe, sehe ich klarer voraus, als was ich seltener empfunden und mir eingebildet habe. Nun stellen die Einbildungen schon früher Empfundenes und daher sehr deutlich Erfaßtes vor Augen. Da also auch sie stärker sind als die Bilder des Zukünftigen, die noch nicht sehr deutlich Vorgestelltes vor Augen führen, verdunkeln sie zusammen mit den Empfindungen diese sehr stark. Und da die Voraussicht eines näher bevorstehenden Ereignisses klarer sein kann als die Voraussicht eines später zu erwartenden, wird in diesem Fall auch die erste die zweite verdunkeln, und die Dunkelheit der zweiten wird die Klarheit der ersten erhöhen. Folglich sehe ich von zwei gleich klaren zukünftigen Empfindungen die näher bevorstehende klarer voraus als die später zu erwartende.

§ 599 Diejenige Fähigkeit der Voraussicht wäre die geringste, die eine einzige sehr starke und sehr nahe bevorstehende Empfindung, eine, die schon oft stattgefunden hat und in der Einbildung erneuert worden ist, unter sehr schwachen begleitenden und vorausgehenden andersartigen Vorstellungen dennoch nur sehr schwach vergegenwärtigen würde. Je schwächere zukünftige Empfindungen, je später zu erwartende, je seltener bereits Empfundenes oder in der Einbildung Erneuertes sie unter je stärkeren vorausgehenden und begleitenden Vorstellungen je stärker vergegenwärtigt, umso bedeutender ist die Fähigkeit der Voraussicht[181].

§ 600 Je stumpfer oder schärfer der Sinn ist, von dem dasjenige, was ich voraussehe, zum Teil schon empfunden worden ist, je kleiner oder größer die Einbildungkraft dessen, der voraussehen wird, umso dunkler oder klarer wird die zukünftige Vorstellung sein.

§ 601 Ich unterscheide die zukünftigen Vorstellungen von den Empfindungen und den Einbildungen 1) nach dem Grad der Klarheit, in dem sie den Empfindungen und den Einbildungen nachstehen, 2) dadurch, daß sie unmöglich

cum statibus praeteritis et praesente. Quodsi praevisio
fortior et imaginatio aut etiam sensatio debilior sint claritatis, quantum observatur, aequalis, tamen charactere
secundo distingui possunt (§ 67). Ex circumstantiis etiam
si cognosco, quae non sint sensationes secundum § 567,
eam nec imaginationem esse clare cognosco (§ 38), quae
cum imaginationibus sociis, praeviis et sequentibus, etiam
sensationibus inconnexa deprehenditur (§ 557, 357)
quaeque simul sentiri non potuerit (§ 377).

§ 602
Facilitatur praevisio (§ 527), si praevidendum 1) clarius
sentiendum est (§ 597), 2) magna ex parte iam sensum 3)
et reproductum est imaginando (§ 598), 4) praevisum iam
saepius (§ 563) idque 5) per intervalla debiliorum perceptionum, ut semper habuerit lucem novitatis (§ 549), 6)
non ita multo post sentiendum (§ 598), 7) debiliores praevias et socias perceptiones habeat heterogeneas, hinc tales
aut nullas aut non admodum claras sensationes et imaginationes, 8) at fortiores sequatur et comitetur tam imaginationes quam sensationes, quae cum praevidendo partiales
perceptiones communes habent (§ 596, 597).

§ 603
Impeditur praevisio, si 1) impediatur praevidendi futura
sensatio secundum § 543, 2) sensatio magna ex parte cum
praevidendo eorundem praesens, 3) eorundem imaginatio
secundum § 569, 4) praevisiones impediantur primae, praesertim 5) interruptae debilioribus perceptionibus, quia
eas ipsa continuatio obscurat (§ 550), 6) procrastinetur
praevidendum (§ 598), 7) fortiores praevias et socias
habeat heterogeneas imaginationes sensationesque, 8) at

Metaphysik §§ 601—603   53

zusammen mit den vergangenen Zuständen und mit dem gegenwärtigen Zustand existieren können. Wenn also eine stärkere zukünftige Vorstellung und eine schwächere Einbildung oder auch Empfindung, soweit man beobachten kann, von gleicher Klarheit sein sollten, so können sie doch durch das zweite Merkmal unterschieden werden[182]. Denn wenn ich aus den Umständen erkenne, welches keine Empfindungen gemäß § 567 sind, so erkenne ich auch klar, daß dasjenige keine Einbildung sein kann[183], was sich mit den gleichzeitigen, den vorausgehenden und den nachfolgenden Einbildungen und auch mit den Empfindungen als nicht verbunden erweist[184] und was nicht gleichzeitig empfunden werden kann[185].

§ 602 Die Voraussicht wird erleichtert, wenn ihr Gegenstand 1) eine zukünftige Empfindung von höherer Klarheit ist, 2) größtenteils schon empfunden und 3) in der Einbildung erneuert worden ist, 4) wenn er schon öfter vorausgesehen worden ist, und zwar 5) nach Zwischenzeiten mit schwächeren Vorstellungen, sodaß er stets das Licht der Neuheit behielt, 6) wenn er nicht allzu lange nachher empfunden werden wird, 7) wenn er schwächere vorausgehende und begleitende andersartige Vorstellungen enthält, also auf solche (schwächere) oder gar keine oder auf nicht sehr klare Empfindungen und Einbildungen folgt, 8) umgekehrt auf stärkere Einbildungen und Empfindungen, die mit ihm Teilvorstellungen gemeinsam haben, folgt und sie begleitet.

§ 603 Die Voraussicht wird gehemmt, 1) wenn die zukünftige Empfindung ihres Gegenstandes verhindert wird (gemäß § 543), 2) wenn die gegenwärtige Empfindung und 3) die Einbildung (gemäß § 569) solcher Dinge, die zum größten Teil mit dem Gegenstand der Voraussicht übereinstimmen, 4) wenn die ersten zukünftigen Vorstellungen verhindert werden, vor allem, wenn sie 5) durch schwächere Vorstellungen unterbrochen werden, wo doch schon die Fortdauer allein sie verdunkelt, 6) wenn der Gegenstand der Voraussicht immer wieder aufgeschoben wird, 7) wenn er stärkere vorausgehende und begleitende andersartige Einbildungen und Empfindungen enthält, 8) wenn er um-

tales debiliores, quae cum praevidendo perceptionem communem habent (§ 602, 221).

§ 604

Cum in omni sensatione (§ 544) et imaginatione sit aliquid obscuri (§ 570) et praevisio sit minus clara quam eiusdem sensatio et imaginatio (§ 597, 598), praevisioni etiam distinctae multum admixtum est confusionis et obscuritatis, et omnis mea praevisio est sensitiva (§ 522), actuanda per facultatem cognoscitivam inferiorem (§ 520), cuius cognitionem et propositionem dirigens mantica (§ 350) est pars aesthetices (§ 533).

§ 605

Si praevideantur totaliter eadem cum sentiendis, praevisiones sunt veraces seu PRAESENSIONES, licet non eodem modo, aequali cum sensationibus claritate percipiantur (§ 597). Si sentiatur praesensum, IMPLETUR PRAEVISIO. Praevisio non implenda FALLAX est, fons errorum practicorum (§ 578).

Sectio IX: Iudicium

§ 606

Perfectionem imperfectionemque rerum percipio, i. e. DIIUDICO. Ergo habeo facultatem diiudicandi (§ 216). Haec minima esset unici minimi fortissime percepti unicam minimam perfectionem imperfectionemve maxime debiles inter perceptiones heterogeneas praevias et socias remississime repraesentans. Quo ergo plurium, quo maiorum, quo remissius etiam perceptorum, quo plures, quo maiores perfectiones imperfectionesve, quo fortiores inter socias et praevias heterogeneas perceptiones, quo fortius facultas diiudicandi repraesentat, hoc maior est (§ 219). Habitus res diiudicandi est: IUDICIUM, idque de praevisis PRACTICUM, de aliis THEORETICUM vocatur, et quatenus obscu-

gekehrt schwächere Einbildungen und Empfindungen enthält, die mit ihm eine Vorstellung gemeinsam haben[186].

§ 604 Da in jeder Empfindung und jeder Einbildung Dunkelheit ist und da die Voraussicht weniger klar ist als die Empfindung und die Einbildung desselben Gegenstandes, so ist auch der deutlichen zukünftigen Vorstellung viel Verworrenheit und Dunkelheit beigemischt. Und alle meine zukünftigen Vorstellungen sind sinnlich und werden durch das untere Erkenntnisvermögen hervorgebracht; ihre Erkenntnis und Darstellung wird durch die Mantik[187] geleitet, die einen Teil der Ästhetik darstellt.

§ 605 Wenn die Gegenstände der Voraussicht mit den Gegenständen der Empfindung völlig übereinstimmen, so handelt es sich um wahre zukünftige Vorstellungen oder Vorempfindungen[188], wenn sie auch nicht in derselben Art und mit der gleichen Klarheit vorgestellt werden wie die Empfindungen. Wenn das Vorempfundene gegenwärtig empfunden wird, erfüllt sich die Voraussicht[189]. Eine Voraussicht, die nicht erfüllt werden kann, ist trügerisch[190], eine Quelle praktischer Irrtümer.

9. Abschnitt: Das Urteilsvermögen

§ 606 Ich erkenne[191] die Vollkommenheit und die Unvollkommenheit der Dinge, d. h. ich beurteile sie. Also habe ich die Fähigkeit zu beurteilen[192]. Diese wäre am geringsten, wenn sie eine einzige sehr geringe Vollkommenheit oder Unvollkommenheit eines einzigen sehr kleinen, sehr stark vergegenwärtigten Gegenstandes unter sehr schwachen vorausgehenden und begleitenden andersartigen Vorstellungen sehr schwach vor Augen stellen würde. Von je mehr, von je größeren, von je schwächer vorgestellten Dingen das Urteilsvermögen je mehr, je größere Vollkommenheiten oder Unvollkommenheiten unter je stärkeren begleitenden und vorausgehenden andersartigen Vorstellungen je stärker vor Augen stellt, desto bedeutender ist es[193]. Die Fertigkeit, Dinge zu beurteilen, ist das Urteilsvermögen; es wird, wenn es auf zukünftige Vorstellungen bezogen ist, das praktische, wenn auf andere Gegenstände,

rius etiam perceptorum plures tamen perfectiones imperfectionesve detegit, est PENETRANS.

§ 607

Lex facultatis diiudicandi est: perceptis rei variis aut consentientibus aut dissentientibus eius aut perfectio aut imperfectio percipitur (§ 94, 121). Quo cum fiat vel distincte vel indistincte, facultas diiudicandi, hinc et iudicium erunt vel sensitiva vel intellectualia (§ 402, 521). Iudicium sensitivum est GUSTUS SIGNIFICATU LATIORI (sapor, palatum, nasus). CRITICA LATISSIME DICTA est ars diiudicandi. Hinc ars formandi gustum seu de sensitive diiudicando et iudicium suum proponendo est AESTHETICA CRITICA (§ 533). Iudicio intellectuali gaudens est CRITICUS SIGNIFICATU LATIORI, unde CRITICA SIGNIFICATU GENERALI est scientia regularum de perfectione vel imperfectione distincte iudicandi.

§ 608

Gustus significatu latiori de SENSUALIBUS, i. e. quae sentiuntur, est IUDICIUM SENSUUM, et illi organo sensorio tribuitur, per quod diiudicandum sentitur. Hinc datur iudicium oculorum, aurium etc. Tam hoc quam omnis facultas diiudicandi actuatur per vim animae repraesentativam universi (§ 513), cum omnia in hoc mundo sint partim perfecta, partim imperfecta (§ 250, 354). Diiudicationes falsae sunt IUDICII ECLIPSES. Facultas diiudicandi ad eclipses prona IUDICIUM PRAECEPS dicitur. Talis GUSTUS CORRUPTUS est. Habitus ab eclipsibus IUDICII cavendi est eius MATURITAS. Talis gustus est SAPOR NON PUBLICUS (purior, eruditus); minoribus etiam congruentiis discongruentiisque

das theoretische genannt; und soweit es an dunkler vorgestellten Dingen dennoch eine größere Anzahl Vollkommenheiten oder Unvollkommenheiten entdeckt, ist es das durchdringende Urteilsvermögen.

§ 607 Das Gesetz des Urteilsvermögens lautet: Wenn die Verschiedenheiten einer Sache entweder als zusammenstimmend oder als nicht zusammenstimmend erkannt werden, so wird ihre Vollkommenheit oder Unvollkommenheit erkannt[194]. Da dies entweder deutlich oder undeutlich geschieht, ist die Fähigkeit der Beurteilung, also auch das Urteil selbst, entweder sinnlich oder verstandesgemäß[195]. Das sinnliche Urteilsvermögen ist der Geschmack im weiteren Sinne (Geschmack, Gaumen, feine Nase). Die Kritik in der weitesten Bedeutung ist die Kunst der Beurteilung. Daher ist die Kunst, den Geschmack zu bilden, oder die Kunst, sinnlich zu urteilen und das Urteil darzulegen, die kritische Ästhetik. Wer über das im Bereich des Verstandes tätige Urteilsvermögen verfügt, ist ein Kritiker im weiteren Sinne, und entsprechend ist die Kritik in der allgemeinen Bedeutung die Wissenschaft der Regeln für die Vollkommenheit oder Unvollkommenheit der deutlichen Beurteilung.

§ 608 Der Geschmack in der weiteren Bedeutung im Bereich des Empfindbaren[196], d. h. dessen, was empfunden wird, ist das Urteil der Sinne; er wird demjenigen Sinnesorgan zugeschrieben, durch das der Gegenstand der Beurteilung empfunden wird. Daher gibt es das Urteil der Augen, der Ohren usw. Ebenso gilt: Jede Fähigkeit der Beurteilung wird durch die Kraft der Seele, sich die Welt zu vergegenwärtigen, in Tätigkeit gesetzt. Denn alles in dieser Welt ist teils vollkommen, teils unvollkommen[197]. Falsche Urteile sind Fehler des Urteilsvermögens. Die zu Fehlern neigende Fähigkeit der Beurteilung wird Voreiligkeit des Urteils genannt. Der entsprechende Geschmack ist der verdorbene Geschmack. Die Fertigkeit, sich vor Fehlern des Urteils in acht zu nehmen, heißt Reife des Urteils. Der entsprechende Geschmack ist der ungewöhnliche (reinere, gebildete). Derjenige Geschmack, der auch die kleineren Übereinstimmungen und Unstimmigkeiten scharfsinnig zu

detegendis in diiudicando perspicax DELICATUS. Eclipses iudicii sensuum sunt eorundem fallaciae (§ 545).

§ 609

Quo maior memoria (§ 579), reminiscentia (§ 582), facultas fingendi (§ 589), praevisionis habitus (§ 595) et iudicium sunt connata, hoc facilius augentur exercitiis (§ 577, 606).

Sectio X: Praesagitio

§ 610

Qui praevisam perceptionem repraesentat ut eandem, quam olim percipiet, PRAESAGIT, ergo habet facultatem praesagiendi seu SIGNIFICATU LATIORI PRAESAGITIONEM. Perceptiones per praesagitionem eiusmodi actuatae sunt PRAESAGIA LATIUS DICTA, vel sensitiva vel intellectualia (§ 402, 521). PRAESAGIA STRICTIUS DICTA et PRAESAGITIO sunt sensitiva tantum. Sensitiva praesagia sunt obiectum mantices aestheticae (§ 604).

§ 611

Lex praesagitionis haec est: Si in praesentis perceptionis successivis perceptionibus repraesentantur quaedam partialem communem cum antecedentibus habentes, haec partialis communis repraesentatur ut contenta in antecedente et sequente (§ 572). Ergo ut se habet memoria ad imaginationem: sic se habet praesagitio ad praevisionem (§ 579).

§ 612

Praesagitio sensitiva est EXSPECTATIO CASUUM SIMILIUM, cuius haec est regula: Aut sentio aut imaginor aut praevideo A, quod cum alio praeviso B multa habet communia, hinc B repraesento ut idem futurum cum A. Cui per ideas praevisi socias praesagit animus, quae ante non praesagiebat, PRAESUMIT, hinc facultatem habet praesumendi (§ 216), quae se habebit ad praesagitionem ut reminiscentia ad memoriam (§ 582, 610).

Metaphysik §§ 609—612   59

entdecken vermag, wird fein genannt. Die falschen Urteile der Sinne sind deren Täuschungen.

§ 609 Je größer das Gedächtnis, das Vermögen der Wiedererinnerung, die Fähigkeit zu dichten, die Fertigkeit der Voraussicht und das Urteilsvermögen von Natur aus sind, umso leichter lassen sie sich durch Übungen fördern.

10. Abschnitt: Das Erwartungs- und Ahnungsvermögen[198]

§ 610 Wer sich eine vorausgesehene Vorstellung als dieselbe vergegenwärtigt, die er künftig haben wird, der erwartet etwas, also hat er die Fähigkeit zu erwarten oder das Erwartungsvermögen im weiteren Sinne. Die Vorstellungen, die durch das Erwartungsvermögen von dieser Art hervorgebracht werden, sind Erwartungen im weiteren Sinne; sie sind entweder sinnlich oder verstandesgemäß[199]. Die Erwartungen und das Erwartungsvermögen im engeren Sinne sind nur sinnlich. Sinnliche Erwartungen (Ahnungen) sind Gegenstände der ästhetischen Wahrsagekunst[200].

§ 611 Das Gesetz des Erwartungs- und Ahnungsvermögens lautet: Wenn man sich unter denjenigen Vorstellungen, die auf eine gegenwärtige folgen, einige vor Augen stellt, die mit den vorausgehenden einen Teil gemeinsam haben, so wird dieser gemeinsame Teil als in der vorausgehenden und der nachfolgenden zugleich enthalten vorgestellt. Wie also das Gedächtnis zur Einbildungskraft, so verhält sich das Erwartungsvermögen zum Vermögen der Voraussicht.

§ 612 Die sinnliche Erwartung (Ahnung) ist mit der Erwartung ähnlicher Fälle[201] gleichzusetzen, deren Gesetz folgendermaßen lautet: Ich empfinde oder ich bilde mir ein oder ich sehe voraus: ein A, das mit einem vorausgesehenen B vieles gemeinsam hat; daher stelle ich mir B als in Zukunft mit A identisch vor. Wessen Geist durch die Vermittlung von Ideen[202], die mit einem vorausgesehenen Ereignis verbunden sind, etwas erwartet, was er vorher nicht erwartet hat, nimmt vorweg[203], also hat er die Fähigkeit vorwegzunehmen[204], eine Fähigkeit, die sich zum Er-

§ 613

Praesumendi facultas est praesagitio hanc regulam sequens: Praevisam mediantibus ideis sociis perceptionem praesagit animus.

§ 614

Praesagitio minima esset, quae unicum minimum fortissime saepissime praevisum proxime instans maxime debiles inter perceptiones praevias et socias heterogeneas remississime tamen perciperet (§ 610, 161).

§ 615

Quo plura, quo maiora, quo rarius, quo remissius praevidenda, quo longius ante tempus fortissimis perceptionibus aliis transigendum (§ 564), quo fortiores inter praevias et socias heterogeneas, quo fortius percipit praesagitio, hoc maior est (§ 219), hoc minus opus habet praesumptionibus (§ 613).

§ 616

Notabilis praesagiendi habitus est FACULTAS DIVINATRIX, vel naturalis, aut connata aut acquisita, vel infusa (§ 577). Postrema est DONUM PROPHETICUM. Praesagium ex facultate divinatrice est DIVINATIO, haec ex dono prophetico est VATICINIUM (prophetia).

§ 617

A praesagitione pendentes errores sunt VANA PRAESAGIA, fallaces praevisiones cum veracibus per illusionem facultatis identitates rerum percipiendi confusae (§ 578, 605). Si qua mihi sunt praesagia, exspectationes casuum similium (§ 612), praesumptiones (§ 613), actuantur per vim animae repraesentativam universi (§ 595, 576).

§ 618

Si praevisum cum antecedente aliquo senso aut phantasmate aut praeviso alio habeatur pro eodem in eo gradu, in quo non est, orietur fallax praevisio (§ 605) per vanum praesagium (§ 617, 576).

wartungsvermögen verhält wie das Vermögen der Wiedererinnerung zum Gedächtnis.

§ 613 Die Fähigkeit der Vorwegnahme ist dem Ahnungsvermögen gleichzusetzen, das sich an folgende Regel hält: Der Geist ahnt eine zukünftige Vorstellung vermittels der mit ihr verbundenen Ideen[202] voraus.

§ 614 Das geringste Erwartungsvermögen wäre dasjenige, das ein einziges, sehr unbedeutendes, sehr deutlich und sehr oft vorausgesehenes unmittelbar bevorstehendes Ereignis unter sehr schwachen vorausgehenden und begleitenden andersartigen Vorstellungen dennoch nur sehr schwach erkennen würde.[205]

§ 615 Je mehr also, je größere, je seltener und je schwächer vorauszusehende Ereignisse das Erwartungsvermögen vor je längerer unter der Einwirkung von sehr starken andern Vorstellungen zu verbringender Zeit unter je stärkeren vorausgehenden und begleitenden andersartigen Vorstellungen je stärker erfaßt, umso bedeutender[206] ist es und umso weniger hat es die Vorwegnahme nötig.

§ 616 Eine besonders bemerkenswerte Fertigkeit, Zukünftiges vorauszuahnen, ist die Fähigkeit wahrzusagen, entweder die natürliche: angeborene oder erworbene, oder die inspirierte. Die zuletzt genannte ist die Gabe der Prophetie. Die Vorahnung, die aus der Fähigkeit wahrzusagen hervorgeht, heißt Wahrsagung[207]; wenn diese aus der Gabe der Prophetie hervorgeht, sprechen wir von Weissagung.

§ 617 Irrtümer, die vom Erwartungsvermögen abhängen, sind leere Erwartungen, falsche zukünftige Vorstellungen, die infolge des Versagens der Fähigkeit, die Übereinstimmungen der Dinge zu erkennen, mit den wahren verwechselt werden. Wenn ich Ahnungen, Erwartungen ähnlicher Fälle, vorwegnehmende Vermutungen habe, so werden sie durch die Kraft der Seele, sich die Welt zu vergegenwärtigen, hervorgebracht.

§ 618 Wenn eine zukünftige Vorstellung mit einer vorausgehenden Empfindung oder Einbildung oder mit einer andern zukünftigen Vorstellung in einem Masse für identisch gehalten wird, in dem sie es nicht ist, so entsteht durch eine leere Ahnung eine falsche zukünftige Vorstellung.

Sectio XI: Facultas characteristica

§ 619

Signa cum signatis una percipio; ergo habeo facultatem signa cum signatis repraesentando coniungendi, quae FACULTAS CHARACTERISTICA dici potest (§ 216). Cumque sit in hoc mundo nexus significativus (§ 358), facultatis characteristicae perceptiones actuantur per vim animae repraesentativam universi (§ 513). Nexus significativus vel distincte vel indistincte cognoscitur, hinc facultas characteristica vel sensitiva erit (§ 521) vel intellectualis (§ 402).

§ 620

Si signum et signatum percipiendo coniungitur et maior est signi quam signati perceptio, COGNITIO talis SYMBOLICA dicitur, si maior signati repraesentatio quam signi, COGNITIO erit INTUITIVA (intuitus). In utraque cognitione facultatis characteristicae haec est lex: Perceptionum sociarum una fit medium cognoscendae exsistentiae alterius (§ 347).

§ 621

Pone per illusionem facultatis identitates rerum cognoscendi haberi pro signo, quod non est, pro signato, quod non est (§ 576), cognitio falsa symbolica et intuitiva orietur. Pone eodem modo haberi quid pro prognostico, quod non est, nascentur fallaces praevisiones apparentibus praesagiis praesumptionibusque multum corroborandae (§ 605, 515).

§ 622

Facultas characteristica minima esset, quae unicum minimum signum cum unico minimo signato maxime debiles inter praevias perceptiones et socias heterogeneas remississime coniungeret. Ergo quo plura, quo maiora

11. Abschnitt: Das Bezeichnungsvermögen

§ 619 Ich erfasse die Zeichen zugleich mit den bezeichneten Dingen; also habe ich die Fähigkeit, die Zeichen mit den bezeichneten Dingen in der Vorstellung zu verbinden; diese Fähigkeit kann Bezeichnungsvermögen[208] genannt werden[209]. Und da in dieser Welt ein Zusammenhang der Zeichen[210] besteht, werden die Vorstellungen des Bezeichnungsvermögens durch die Kraft der Seele, sich die Welt zu vergegenwärtigen, hervorgebracht. Der Zusammenhang der Zeichen wird entweder deutlich oder undeutlich erkannt, daher ist das Bezeichnungsvermögen entweder sinnlich oder verstandesgemäß[211].

§ 620 Wenn das Zeichen und das Bezeichnete in der Vorstellung verbunden werden und die Vorstellung des Zeichens bedeutender ist als diejenige des Bezeichneten, wird die entsprechende Erkenntnis symbolisch genannt. Wenn dagegen die Vorstellung des Bezeichneten bedeutender ist als diejenige des Zeichens, so handelt es sich um die anschauende Erkenntnis[100]. In beiden Fällen lautet das Gesetz des Bezeichnungsvermögens: Unter den miteinander verbundenen Vorstellungen wird die eine zum Mittel, die Wirklichkeit der andern zu erkennen[212].

§ 621 Setze den Fall, daß infolge eines Versagens der Fähigkeit, die Übereinstimmungen der Dinge zu erkennen, etwas für ein Zeichen gehalten wird, was es nicht ist, und etwas für ein Bezeichnetes, was es ebenfalls nicht ist: so wird daraus eine falsche symbolische und anschauende Erkenntnis hervorgehen. Setze entsprechend den Fall, daß etwas für ein Zeichen mit Vorbedeutung gehalten wird, was es nicht ist, so werden daraus falsche zukünftige Vorstellungen entstehen, die durch Scheinerwartungen und Scheinvermutungen verstärkt zu werden pflegen.

§ 622 Dasjenige Bezeichnungsvermögen wäre das geringste, das ein einziges sehr unbedeutendes Zeichen mit einem einzigen sehr unbedeutenden bezeichneten Ding unter sehr schwachen vorausgehenden und begleitenden andersartigen Vorstellungen nur sehr schwach verbinden würde. Je mehr also und je bedeutendere Zeichen das Be-

signa cum quo pluribus, quo maioribus signatis quo fortiores inter socias et praevias perceptiones heterogeneas, quo fortius coniungit facultas characteristica, hoc maior est (§ 219). Scientia sensitivae cognitionis circa signa occupatae et propositionis eiusmodi est AESTHETICA CHARACTERISTICA, tam heuristica quam hermeneutica (§ 349). Characteristica orationis est PHILOLOGIA (grammatica latius dicta), eaque docens pluribus linguis particularibus communia UNIVERSALIS. Philologia docens regulas I) generales in omni oratione observandas qua vocabula eorumque 1) partes, est ORTHOGRAPHIA LATIUS DICTA, 2) flexionem, est ETYMOLOGIA (analogia), 3) nexum seu constructionem, est SYNTAXIS, 4) quantitatem, PROSODIA. Complexus harum disciplinarum est GRAMMATICA (strictius dicta). 5) Significatum, est LEXICA (lexicographia), 6) scriptionem, est GRAPHICE, II) speciales e. g. ELOQUENTIAE seu perfectionis in oratione sensitiva, eiusque 1) generatim spectatae, est ORATORIA, 2) speciatim vel solutae, est RHETORICA, vel ligatae, est POETICA. Hae disciplinae cum suis singulis filiabus, quatenus demonstrant regulas pluribus linguis particularibus communes, UNIVERSALES sunt.

§ 623

Cum dormientis sensationes externae non sint clarae (§ 556), somnus debiliorum etiam phantasmatum erit ad sensitive praevidendum aptior quam status vigilantis (§ 598, 539). Complexus regularum ex insomniorum praevisionibus praesagiendi est ONIROCRITICA.

zeichnungsvermögen mit je mehr und je bedeutenderen bezeichneten Dingen unter je stärkeren begleitenden und vorausgehenden andersartigen Vorstellungen je stärker verbindet, umso bedeutender ist es. Die Wissenschaft, die sich mit der sinnlichen Erkenntnis der Zeichen und mit der entsprechenden Darstellung beschäftigt, ist die bezeichnende Ästhetik, und zwar ebenso als Erfindungs- wie als Auslegekunst[213]. Die Bezeichnungskunst der Sprache ist die Philologie (Grammatik in der weiteren Bedeutung); wenn sie dasjenige lehrt, was mehreren einzelnen Sprachen gemeinsam ist, sprechen wir von der allgemeinen Philologie. Die Philologie, welche I) die allgemeinen Regeln lehrt, die bei jeder sprachlichen Äußerung zu beobachten sind, nämlich die Regeln, welche die Wörter und ihre Teile betreffen, ist die Orthographie im weiteren Sinne; wenn sie 2) die Flexion lehrt, ist sie die Lehre von der Etymologie (Analogie)[214], wenn sie 3) den Satzzusammenhang oder die Konstruktion behandelt, die Syntax, wenn sie 4) die Quantität der Silben regelt, die Prosodie. Der Oberbegriff dieser vier Disziplinen ist die Grammatik im engeren Sinne. Wenn die Philologie 5) die Bedeutung der Wörter behandelt, ist sie die Lexikographie, wenn sie 6) Anweisungen für die schriftliche Darstellung gibt, die Graphik; wenn sie II) die speziellen Regeln lehrt, z. B. diejenigen der Beredsamkeit oder der Vervollkommnung in der sinnlichen Rede, und zwar 1) der allgemein betrachteten, ist sie die Redekunst, wenn sie 2) im speziellen Sinn entweder die ungebundene Rede behandelt, die Rhetorik, oder die Regeln der gebundenen Sprachform lehrt, die Poetik. Soweit diese Disziplinen, jede mit ihren Töchtern, die Regeln aufzeigen, die für mehrere einzelne Sprachen gelten, haben sie allgemeine Bedeutung[215].

§ 623 Da die äußern Empfindungen eines Schlafenden nicht klar sind, wird der Schlaf, da auch die Einbildungen schwächer sind, für sinnliches Voraussehen geeigneter sein als der Zustand des Wachenden. Der Inbegriff der Regeln, wie man aus den zukünftigen Vorstellungen der Träume Ahnungen schöpft, ist die Kunst der Traumdeutung[216].

II.
PHILOSOPHISCHER BRIEFE ZWEITES SCHREIBEN

Wohl-Ehrwürdiger u.s.w.

Wie ich aus dem letzteren Schreiben E. W. mit dem grössesten Vergnügen ersehe, so kann Ihnen nunmehro zu glücklich angetretenem Amte von ganzem Herzen Glück und Segen wünschen. Ich hoffe, Sie sollen es so wohl leichter finden, als Sie sichs vorgestellt, als es denen wider Vermuten oft schwer wird, die sich unbedachtsam darnach drängen. E. W. haben zwar nicht zu bedauren, wenn Sie forthin edlere Beschäftigungen in denen bisherigen philosophischen Betrachtungen manchmal stören: doch kann auch ich nicht leugnen, daß ich noch eben nicht vom Ekel an denen letztern geplagt werde. Freilich diejenigen, so noch weiter bei der Philosophie nichts denken können, als was einem in halbjährigen Lese-Stunden über ihre bekannteste Teile pflegt vorgesagt zu werden, oder ausgeführt werden kann, stellen sich diese Schätze, als sehr erschöpflich, vor, daher trauen sie sich nicht allein in Jahres Frist vollkommene Philosophen zu werden, oder geworden zu sein, sondern wundern sich auch, wenn ein dreijähriger Akademikus, geschweige denn einer, der die hohen Schulen schon verlassen, sich noch für einen philosophischen Schüler ausgibt. Ich finde ein unendlichs Vergnügen, wenn ich wechselweise das Nichts und das Unendliche menschlicher Wissenschaften überhaupt, und insonderheit unserer Philosophie bemerken kann. Sehe ich bei allem unsern Wissen, wie viel Irrtum, Dunkelheit, Dürre, Verwirrung, Ungewissheit, Stückwerk und Leblosigkeit sich bei der besten Erkäntnis der Menschen-Kinder einschleicht, so denk ich: Alles ist eitel. Find ich hingegen bei denen größten Kleinigkeiten derer Dinge, wenn ich so reden darf, wie viele Wahrheiten daraus schon hergeleitet sind, oder hergeleitet, in welch schönes Licht sie gesetzt werden, mit welchen lebhaften Abwechslungen sie uns ermuntern können, welcher Deut-

ligkeit, Vollständigkeit und Tiefe ihre Begriffe fähig sind, aus wie manchen Gründen, wie gründlich sie bewiesen werden, welchen sanften Einfluß sie endlich in ein seliges Leben haben können, so wird mir das Kleinste wieder gross, und zeigt sich in manchen kurzen Sätzen, als ein Baum im Kern, der Grund-Stoff derer brauchbarsten Wissenschaften. Wie einem Astronomen seine Vater-Stadt aus denen Augen verschwindet, wenn er von der Erden in den Mond, von da in die entferntern Planeten, von ihnen zu denen festen Sternen, und von einer Sonnen endlich zur andern misst, oder vielmehr den unermesslichen Raum erfähret; so verlieret sich die Versuchung zum philosophischen Hochmut, und zur Einbildung auf unsre Wissenschaftchen von gestern und ehegestern nicht besser, als wenn man sich die ganze Weite, den gewaltigen Umfang, die Menge derer Dinge fein oft vorstellt, von denen die Welt-Weisheit zu handeln hat. Wie klein ist ein großer Ritter-Sitz, wenn man ihn auf der Erd-Kugel eines Copernicanischen Welt-Baues sucht? Der Baron von Leibniz, an dem die Weite seiner gründlichen Einsicht beständig am meisten bewundert habe, hat sonder Zweifel auch in dieser Absicht für gut befunden, wenn ein solches Werk, als des Allstedts Encyclopädie[217], aber verbessert und ergänzt von neuen der gelehrten Welt geliefert werden mögte. Weil ein Mensch alle Teile der Gelehrsamkeit wohl schwerlich auch nur so gut inne hat, daß er einen richtigen Grund-Riss von jeglicher zu geben im Stande sein sollte, so mögte nicht leicht eine allgemeine Encyclopädie, ein kurzer Inbegriff aller zur Gelehrsamkeit gehörigen Haupt-Sätze, der was rechts nützte, die Ausgeburt eines einzigen Kopfes sein. Warum sollte nicht ein geschickter Philosoph sich an eine philosophische Encyclopädie machen können, darin er die zur Philosophie gehörende Wissenschaften insgesamt in ihrer Verbindung vorstellte? Auf diesen Einfall bin ich durch einige geschriebene Bogen geraten, die mir neulich von einem guten Bekannten zugeschickt wurden. Ihr Verfasser war nicht genannt. Sie enthielten einen Schatten-Riss von einem solchen Vorschlage[218]. E. W. verlangen von mir, so oft ich die Ehre Ihrer Zuschrift habe,

philosophische Neuigkeiten. Sie sind ein Bücher-Freund. Daher darf ich nicht vermuten, daß Sie etwas noch nicht sollten zu sehen bekommen haben, das die Presse verlassen, und mir bekannt. Vielleicht aber sind Ihnen diese, vermutlich nachgeschriebene, Blätter noch nicht zu Gesicht gekommen. Nimmt man sonst die organische Philosophie und Logik, als gleichgültige Worte, an, so unterscheidet sie der Verfasser, doch so, daß er zugestehet, die organische Philosophie könne auch im weitern Verstande Logik genannt werden[219]. Eigentlich, sagt er, seie die erste die Wissenschaft der Verbesserung des Erkenntnisses, die Logik aber, ihr vornehmster Teil, zeige, wie es ihre Benennung und die Gewohnheit der meisten Vernunft-Lehrer bestätige, nur den Weg zur deutlichen Einsicht in die Wahrheiten, sie habe zu ihrem Vorwurf nur den Verstand in seiner engern Bedeutung und die Vernunft. Weil wir nun aber weit mehrere Vermögen der Seelen besitzen, die zur Erkenntnis dienen, als die man bloß zum Verstande oder der Vernunft rechnen könne, so scheint ihm die Logik mehr zu versprechen, als sie halte, wenn sie unsere Erkenntnis überhaupt zu verbessern sich anheischig macht, und nachher nur mit der deutlichen Einsicht und deren Zurechtweisung beschäftiget ist. Er stellt sie sich also, als eine Wissenschaft der Erkenntnis des Verstandes oder der deutlichen Einsicht vor und behält, die Gesetze der sinnlichen und lebhaften Erkenntnis, wenn sie auch nicht bis zur Deutlichkeit, in genauester Bedeutung, aufsteigen sollte, zu einer besondern Wissenschaft zurück. Diese letztere nennt er die Ästhetik, welcher Name mir um so viel weniger fremd vorkommt, weil ich ihn schon in einigen gedruckten akademischen Schriften bemerkt[220]. Die Wissenschaft der Verbesserung sinnlicher Erkenntnis teilt der Verfasser in die Künste, so sich mit der Erkenntnis selbst, und die, so sich mit dem lebhaften Vortrage hauptsächlich beschäftigen. Die Einteilung der erstern fließt ungezwungen aus denen mancherlei Vermögen, die wir zu der unteren Erkenntnis-Kraft der Seelen zu zählen haben. Den Anfang macht die Kunst der Aufmerksamkeit[221], weil sie zur Verbesserung aller übrigen Erkenntnis-Vermögen unentbehrlich ist.

Ihre Notwendigkeit wird uns von der ersten Jugend an durch ein oft wiederholtes: beschäftige dich nur hiemit! bedenke, warum du hier bist! gib acht! merk auf! eingeschärft. Wie sollte nicht mancher Schulmeister betreten werden, wenn ihm eines seiner Schlacht-Schafe antwortete: wie soll ichs denn machen, wann ich acht haben will? Da wir darauf merken, was wir uns klärer, als andre Dinge, vorstellen und uns des entschlagen, davon abstrahieren, das wir uns dunkeler, als andre Dinge, vorstellen, so sieht man, wie genau mit der Kunst des Aufmerkens die Kunst der Absonderung verbunden sein müsse, ob man sie gleich ganze Jahr lang von einander zu trennen gewohnt ist, oder sie auch wohl gar nebst ihrer Tochter, der Kunst zu vergessen, ehe vor nachteilig, als brauchbar, ansiehet. Hierauf folgt die Ästhetische Empirik, oder Kunst seine Erfahrung zu verbessern, wenn sie auch eben nicht zur eigentligen Deutligkeit gelangen sollte. So unterscheidet der Verfasser den Inbegriff derer Empfindungs-Gesetze, die hier vorzuschreiben wären, von der Logischen Empirik, oder Lehre von der Erfahrung, die nicht sowohl die Vorteile in denen Erfahrungen, Beobachtungen und Versuchen selbst anzuweisen, als vielmehr anzuzeigen hat, wie aus ihnen, wenn sie schon gegeben sind, deutlige Begriffe, Erklärungen und bestimmte Anschauungs-Urteile, aus diesen ferner allgemeine Sätze und andre Folgerungen zu ziehen sein. Anfänglich scheint es, als wenn hier nicht viel mehr zu sagen wäre, als: tue deine Augen auf, und siehe! tue deine Ohren auf, und höre usf. Allein wer etwas tiefer in die Beschaffenheit derer Empfindungen einsieht, wird ein ganz ander Urteil fällen. Es gibt sowohl innere, als äußere. Die ersteren sind die Vorstellungen des gegenwärtigen innern Zustandes unsrer Seelen[222]. Wir haben sie alle. Daß sie aber bei dem einen besser, bei dem andern schlechter seien, beweist die Empirische Psychologie derer Neuern, verglichen mit dem, was man vor diesem, von der Seelen gelehret, oder durch den bloßen Gebrauch und Umgang verworren und ungewiß genug bemerkt. Einer erfährt täglich, daß seine Sinne triegen und denkt nicht, daß sie ihn vielleicht allein darin betriegen mögten. Ein andrer erfährt

ihre Unfehlbarkeit durch sehr betriegliche Mittel. Einer trauet sich aus Erfahrungen einen so reifen Verstand zu, daß die Einbildungen bei ihm insgesamt vor längst zerschmolzen und ausgetrocknet, wie die Dünste gefrorner Fenster-Scheiben in heißen Stuben. Ein andrer erfähret, daß er ohne Einbildung nicht einmal andächtig beten könne. Einen lehrt die tägliche Erfahrung, daß die Menschen in zukünftigen Dingen ganz blind sein, und ein andrer hat in eben der Schule gelernt, daß er täglich viele hundert zukünftige Sachen entdecket, wenn er gleich kein Prophet ist. Mancher bewundert seinen Witz, wenn er ein Akrostichon, Eteostichon oder Anagramma[223] gedrehet. Mancher hält sich vor sehr scharfsinnig, wenn er die Menschen dem Vieh gleichet. Dieser klaget, daß er gar kein Gedächtnis habe, weil er einerlei Zinsen zweimal gefordert, indem er seinen ihm vor 70 Jahren gegebenen Namen einer Quittung unterschreibt. Jener hats aus der Erfahrung, daß er zum Poeten von Natur verdorben, ob er gleich Stunden lang Historien von Nichts erzehlt. Gernevon kann sich nicht entsinnen, einen armen Freund je gesehen zu haben, der ihm fünf Jahre lang täglich an der Seiten gesessen, kann sich aber noch gar eigen erinnern, wie ihm seine Frau Elter-Mutter in der Kindheit erzehlet, daß sie der dreißigjährige Krieg genötiget, als ein gnädiges Fräulein, einen Mann zu heiraten, der sich manchmal mit Kleidermachen die Zeit vertrieben. Dieses alles und weit mehrers meint ein jeder aus langer Erfahrung zu haben, doch irren sich viele, wenn ich mich nicht irre. Bei denen äußeren Empfindungen gehts nicht besser, wie bekannt genug. Wie ist dem Übel zu steuren? die Logik sagt: gib acht auf das zu Empfindende, und hüte dich für dem Erschleichungs-Fehler. Wie aber soll beides in besondern Fällen geschehen? Darauf hätte nun die Ästhetische Erfahrungs-Kunst weitläufiger zu antworten. Wenn jemand, der im Nachdenken geübt die Rede des gründlichen Herrn von Musschenbroek[224], die er vor die wiederaufgelegten Versuche der Florentinischen Akademie drucken lassen, des Wahrheit liebenden Boyle[225] Schrift vom mißlichen Erfolge der Versuche, des tiefsinnigen Malebranche erstes Buch von Untersuchung

der Wahrheit[226] fast ganz, und den großen Baco de Verulamio in seinem fünften Buche von denen Vermehrungen derer Wissenschaften, so wohl, als in seinem neuen Organon[227] nachlieset, so wird ihm nicht unmöglich sein, manche gemeine Gesetze der bloß sinnlichen Erfahrung fest zu setzen. Ferner müßte vorerwehnte Wissenschaft, nach des Verfassers Vorschlage, die Hülfs-Mittel, wodurch die Sinnen erhöht und erweitert werden könnten, anweisen und für demjenigen warnen, was sie vor der Zeit stumpf und ungeschickter machen möchte. Es wäre hier eben nicht eine vollständige Ausführung aus der Artznei-Kunst nötig, doch würde manches auch daher mit Nutzen für solche entliehen werden, die es nicht leicht in einem Hippocrates selbst nachschlagen würden. Hingegen wäre hier die Stelle von denen Waffen der Sinnen oder denen Werkzeugen[228] zu sprechen, durch welche wir klar zu empfinden in Stand gesetzt werden, was uns sonst nur dunkel geblieben wäre. Man rechnet dahin mit Recht nicht nur Vergrößerungs- und Fern-Gläser, künstlige Ohren und Sprach-Röhre, sondern auch den ganzen Verrat der Barometers, Thermometers, Hygrometers, Manometers, Pyrometers usw. die die versuchende Physik braucht, aber daß sie gut seien und recht gebracht werden, billig schon voraus setzt. Platz und Zeit erlauben diesmal nicht, E. W. die folgenden Teile dieser neuen Wissenschaft anzuführen. Soll ich Ihnen davon künftig ein mehrers melden, so haben Sie nur zu befehlen. Ich bin u. s. w.

III.

PHILOSOPHIA GENERALIS § 147 I

Philosophia organica versatur circa cognitionem I. sensitivam, AESTHETICA M § 533, eam perficiens
A) ipsam
(Die organische Philosophie beschäftigt sich I. mit der sinnlichen Erkenntnis, als Ästhetik gemäß M § 533, indem sie diese A) selbst[229] zur Vollendung bringt):
1) ars attendendi (M § 625) (als Kunst der Aufmerksamkeit),
2) ars abstrahendi (M § 529) (als Kunst der Absonderung),
3) ars sentiendi, EMPIRICA AESTHETICA (M § 534) (als Kunst der Empfindung, als ästhetische Empirik),
4) ars imaginandi (M § 557) (als Kunst der Einbildung),
5) ars ingeniose (M § 572) et (als Kunst des geistvollen und . .)
6) acute cogitandi (M § 573) (des scharfen Denkens),
7) ars mnemonica (M § 587) (als Kunst des Gedächtnisses),
8) ars fingendi seu MYTHOLOGIA PHILOSOPHICA (als Kunst der Erdichtung oder als philosophische Mythologie): theologica (im theologischen Sinn); apologographia (als Kunst der Kurzerzählung); dramatica: a) comica, b) tragica (als dramatische Kunst: Komödie und Tragödie); fabulae heroicae: epica (als epische Kunst der heroischen Dichtung),
9) ars diiudicandi seu CRITICA AESTHETICA (als Kunst der Beurteilung oder als ästhetische Kritik),
10) ars praevidendi et praesagiendi, MANTICA (M § 595, 610) (als Kunst der Voraussicht und der Vorahnung, als Mantik):
a) generalis (im allgemeinen Sinn),
b) specialis (im speziellen Sinn):
1) chrestomantia per oracula (Weissagung durch Orakel): a) ore vel scriptis prolata (aufgrund

mündlicher oder schriftlicher Zeugnisse); b) imaginum (durch Bilder); c) Bathkol[230]; d) Pithomantia (delphische Seherkunst): engastrimythia per ventrem (Weissagung durch den Bauch), stenomantia per pectus (Weissagung durch die Brust),
2) astrologia (Astrologie),
3) onirocritica (Traumdeutung),
4) cleromantia (Weissagung durch das Los): a) belomantia (aus Geschossen); b) rhabdomantia (aus Stäben); c) dactylomantia (aus Fingerringen); d) alectriomantia (durch Hähne); e) rhapsodomantia (durch Aufschlagen epischer Gedichte); f) bibliomantia (aus der Bibel); g) psalteriomantia (aus den Psaltern),
5) stoechomantia ex elementis (aus den Elementen): a) geomantia (aus der Erde); b) pyromantia (aus dem Feuer): ceraunomantia (aus dem Blitz), capnomantia (aus dem Rauch), libanomantia (aus dem Weihrauch), lychomantia (aus Fackeln), tephramantia (aus der Asche); c) hydromantia (aus dem Wasser): strictior per aquam marinam (im engeren Sinne: aus dem Meer), pegomantia (aus Quellen), cecanomantia (aus mit Wasser gefüllten Schalen), ceromantia (aus in Wasser gegossenem Wachs); d) aeromantia (aus der Luft),
6) augurium latius dictum (Deutung von Wahrzeichen im weiteren Sinne): a) coelispicia (aus der Beobachtung des Himmels); b) teratomantia (aus Wunderzeichen); c) hieroscopia (aus der Beobachtung der Opfer): oenoscopia (aus dem Wein), thyoscopia (aus den Eingeweiden der Opfertiere); d) zooscopia (aus Tieren überhaupt): ornithomantia (aus dem Vogelflug), tetrapomantia (aus Vierfüssern), ichthyomantia (aus Fischen); e) anthropomantia (aus Menschen): ex vivis (aus Lebenden): ex eorum statibus diversis (aus ihren verschiedenen Stellungen), ex membrorum ductibus (aus den Zügen ihrer Glieder): me-

Philosophia generalis § 147 I

toposcopia (aus der Stirn), chiromantia (aus der Hand), onichomantia (aus den Nägeln an Fingern und Zehen), podoscopia (aus den Füssen); ex mortuis (aus Toten): ex cadaveribus (aus Leichen), per manes, psychagogia seu sciamantia (aus den Schattengeistern der Verstorbenen); f) oryctomantia (aus Fossilien); g) phytomantia (aus Pflanzen): botanomantia (aus Kräutern), sycomantia (aus Feigen); h) onomatomantia (aus Namen); i) arithmomantia (aus Zahlen), k) artes reum detegendi (Methoden, die Schuld oder Unschuld eines Angeklagten an den Tag zu bringen),

B) ars signandi et signis cognoscendi, CHARACTERISTICA (Semiotica, Semiologia, Symbolica). Haec tractat: (als Kunst der Bezeichnung und der Erkenntnis aus Zeichen, als Zeichenkunde (Semiotik, Semiologie, Symbolik). Diese behandelt):
1. orationem, PHILOLOGIA universalis (die Sprache: als allgemeine Philologie)
a) in genere (im allgemeinen):
A) 1) vocabulorum significatus, lexicographia universalis (die Bedeutungen der Wörter: als allgemeine Lexikographie);
2) vocabulorum partium flexionis et connexionis eorundem, grammatica universalis (die Beugung der Wortteile und die Verbindung der Wörter: als allgemeine Grammatik): a) quo scientia partium vocabuli, orthographia latius dicta (wozu das Wissen von den Teilen des Wortes gehört: als Orthographie im weiteren Sinne): pronuntiandarum, orthoepia et orthotonia (von der Aussprache: als Theorie der richtigen Aussprache und Betonung); scribendarum, orthographia strictius dicta (von der Schreibweise: als Orthographie im engeren Sinne); b) flexionis in vocabulo, etymologia seu analogia universalis (von der Beugung im Wortinnern: als allgemeine Etymologie oder Ana-

logie[231]; c) connexionis syntaxis universalis (von der Verknüpfung: als allgemeine Syntax);
B) scripturae graphice universalis (von der Schrift: als allgemeine Schreibkunst): calligraphia (Kalligraphie), tachygraphia (Schnellschreibekunst), cryptographia (Kunst der Verschlüsselung);

b) in specie picturam sensus mystici, emblematica (im besonderen die Darstellung des mystischen Sinnes: als Kunst der Auslegung von Sinnbildern):
1) scientia inveniendae eiusmodi imaginis et interpretandae, hieroglyphica (als Kunst[232], ein derartiges Bild zu erfinden und zu deuten: als Hieroglyphik): heraldica, numismatica (als Heraldik und Numismatik); diplomatica (als Kunst, Urkunden zu deuten[233]);
2) ex phaenomenis corporis concludens, phisionomia moralis (onirologia moralis, gelatoscopia moralis) (als Kunst, aus der Erscheinungsform des Körpers, aus Träumen, aus dem Lachen den Charakter zu erschliessen);
3) chromatocritica (als Kunst, aus den Farben das Wesen der Dinge zu erschließen);
4) cosmetice (als Kunst, die Zeichen der Ehre zu deuten);

c) eius propositionem. Perfectio in oratione sensitiva est eloquentia: scientia eloquentiae est oratoria (deren Ausdruck (gemeint: der Sprache). Die Vollkommenheit in der sinnlichen Rede ist die Beredsamkeit: die Wissenschaft der Beredsamkeit ist die Redekunst):

I. generalis (im allgemeinen): 1) heuristica oratoria (als rednerische Erfindungskunst); 2) methodologia oratoria (als Methode der rednerischen Anordnung); 3) ars disposita aptis signis exprimendi (als Kunst, den geordneten Stoff mit den geeigneten Zeichen zum Ausdruck zu bringen: a) ars cultioris stili (als Kunst des gepflegteren Stils), quo regulae puritatis (wozu die Regeln der Reinheit gehören), et concinnitatis (und die Regeln der harmoni-

schen Fügung): ars periodica (die Kunst der Satzfügung), ars sonoritatis (die Kunst des Wohlklangs), ornatus (der Redeschmuck), ars congruentiae (die Kunst des angemessenen Stils); b) ars actione aliquid viva voce proponendi (als Kunst, im äußern Vortrag etwas lebendig darzustellen);

II. in specie (im besondern): 1) qua themata (was die Themen betrifft): historiographia (als Kunst, historische Themen zu behandeln); homiletica universalis (als allgemeine Homiletik); thaumaturgia (als Kunst, Bewunderung zu erregen); pathologia oratoria (als Kunst, die Affekte richtig anzusprechen); 2) qua methodum (was die Methode betrifft): epistolographia (als Kunst, Briefe zu verfassen); dialogistice (als Kunst der Unterredung); 3) qua terminos (was die literarischen Grundformen angeht): a) in prosa rhetorica (als Kunst der Rede in Prosa); b) in poesi seu carmine, oratione metrica, poetica (in Gedichtform, in gebundener Sprache, als Dichtkunst):

1) generalis (allgemein): heuristica poetica (als poetische Erfindungskunst); methodologia poetica (als poetische Methodologie); metrologia poetica (als metrische Kunst);
2) specialis (speziell):
a) respectu thematum, quae ideae hominum (im Hinblick auf Themen, welche menschliche Lebensformen zum Inhalt haben): ecloga seu bucolicon (Hirtengedicht); poema heroicum (Heldengedicht); respectu thematum, quae notiones (im Hinblick auf Themen, die durch Begriffe faßbar sind): theoreticae (theoretische): poemata metaphysica, physica, oeconomica, theologica etc. (metaphysische, naturphilosophische, die Familienordnung behandelnde, theologische Dichtungen usw.); practicae (praktische): poemata paraenetica (Mahngedichte), poema dogmaticum-elenchticum (dogmatisch-beweisende Dichtungen);

b) respectu methodi (im Hinblick auf die Methode): 1) de poematibus exegeticis (bei erzählenden Dichtungen); 2) de poematibus dramaticis, dramaturgia (bei dramatischen Dichtungen: als Dramaturgie): respectu collocutorum sortis (im Hinblick auf das Schicksal der Gesprächspartner): comoedia, tragoedia, tragicomoedia (Komödie, Tragödie, Tragikomödie); respectu actionis (im Hinblick auf den äußern Vortrag): cantus, quo recitandum drama est, opera (in was für einer Form das Drama vorgetragen werden soll, z. B. die Oper); respectu gestuum, quos docet chiranomia (im Hinblick auf die Gesten, welche die Kunst der Gestik lehrt); 3) de poematibus mixtis ex dramate et exegetico carmine (bei Mischformen zwischen dem Drama und der erzählenden Dichtung);

c) respectu terminorum et metri (im Hinblick auf die literarischen Grundformen und das Metrum): cantui, lyrica (für das Lied: als Kunst der Lyrik); dictioni tantum (für den Vortrag allein).

IV.

AESTHETICA

§ 1

AESTHETICA (theoria liberalium artium, gnoseologia inferior, ars pulchre cogitandi, ars analogi rationis) est scientia cognitionis sensitivae.

Die Ästhetik (als Theorie der freien Künste, als untere Erkenntnislehre, als Kunst des schönen Denkens und als Kunst des der Vernunft analogen Denkens) ist die Wissenschaft der sinnlichen Erkenntnis.

Aus: A. G. Baumgarten, Kollegium über die Ästhetik:

§ 1. — Wir sind gesonnen, die Anfangsgründe aller schönen Wissenschaften[234] systematisch vorzutragen. Die ganze Wissenschaft ist unter dem Namen der Ästhetik bekannt, und da unser Lesebuch in der ersten Erklärung dieses Wort braucht, so müssen wir uns zuerst um seinen Ursprung bekümmern. Es kommt eigentlich von αισθανομαι her; dieses Wort bezeichnet das, was sentio im Lateinischen bezeichnet, nämlich alle klaren Empfindungen. Da die Empfindungen in äußerliche und innerliche eingeteilt werden, in solche, die in meinem Körper als mir bewußt vorgehen und sich auf alle Sinne beziehen, oder in solche, die nur in meiner Seele vorgehen, so wird dieses Wort, das klare Empfindungen überhaupt bezeichnet, auf beides gehen. Da ferner das Wort sentio etwas sinnlich wahrnehmen bezeichnet, das griechische aber mit ihm völlig einerlei ist, so wird es auch sinnliche Vorstellungen bezeichnen, und so wird es beim Plato gebraucht, wo αισθητα den νοητοις entgegengesetzt sind als undeutliche und deutliche Vorstellungen. So teilte Aristoteles einige Seelen in αισθητα, die noch Sinnlichkeit haben, und in αναισθητα, die auch diese nicht mehr haben. Wir

sehen soviel, was die Alten zur Sinnlichkeit zählten, begriffen sie unter diesem Worte. Wenn man wissen will, was sie eigentlich in der Seele zur Sinnlichkeit zählten, so lese man den Buchanan[235], der im 3. Kap. in der 3. Sect. von den Meinungen der Alten sagt, daß sie sensum communem, phantasiam und memoriam sensitivam dahin zählten, weil man die Seele noch nicht besser kannte. So wie man nun von λογικος, von dem, was deutlich ist, λογικη gemacht, das die Wissenschaft des Deutlichen anzeigt, so machen wir nun von αισθητος αισθητικη die Wissenschaft von allem, was sinnlich ist.

Wenn man bei den Alten von der Verbesserung des Verstandes redete, so schlug man die Logik als das allgemeine Hilfsmittel vor, das den ganzen Verstand verbessern sollte. Wir wissen jetzt, daß die sinnliche Erkenntnis der Grund der deutlichen ist; soll also der ganze Verstand gebessert werden, so muß die Ästhetik der Logik zu Hilfe kommen.

Die Ästhetik als eine Wissenschaft ist noch neu; man hat zwar hin und wieder Regeln zum schönen Denken gegeben, aber man hat in den vorigen Zeiten noch nicht den ganzen Inbegriff aller Regeln in eine systematische Ordnung in Form einer Wissenschaft gebracht, folglich kann auch dieser Name vielen noch unbekannt sein. Unser erster Paragraph schlägt noch verschiedene andere Benennungen vor, wann man an Leute kommen sollte, denen die erste Benennung unbekannt wäre. Man nenne sie die Theorie von den schönen Wissenschaften, dieses ist der Titel, den Herr Meier seinem Werke dieser Art beigelegt hat. Man hat den Namen *schöne Wissenschaften* lange gehabt, obgleich eigentlich nichts Wissenschaftliches drinnen gewesen ist. Man nenne sie die Wissenschaften unserer Untererkenntnisvermögen, oder wann man noch sinnlicher reden[236], so nenne man sie mit dem Bouhours[237] la logique sans epines. Bei uns Deutschen ist der Titel: die Kunst schön zu denken, schon bekannt, man bediene sich auch dessen. Da uns aus der Psychologie bekannt ist, daß unsere Einsicht in den Zusammenhang der Dinge teils deutlich, teils verworren ist und jenes die Vernunft und das letzte analogon rationis ist, so benenne man sie darnach. Will

man hingegen in Metaphern reden, und liebt man die Mythologie der Alten, so nenne man sie die Philosophie der Musen und der Grazien. Noch mehr da die Metaphysik das Allgemeine der Wissenschaften enthält, so könnte man die Ästhetik nach einiger Ähnlichkeit die Metaphysik des Schönen nennen.

Diese Wissenschaft und der Inbegriff ihrer Wahrheiten ist so neu nicht, daß man niemals zuvor schön gedacht hätte. Nein man hat praktische Ästhetiker gehabt, ehe man Regeln von der Ästhetik gewußt und ehe man sie in die Form einer Wissenschaft gebracht hat. Es wird nicht undienlich sein, eine kleine Einleitung in die Geschichte der Ästhetik zu geben. Die ganze Geschichte der Maler, Bildhauer, Musikverständigen, Dichter, Redner wird hierher gehören, denn alle diese verschiedenen Teile haben ihre allgemeinen Regeln in der Ästhetik. Dieses würde uns zu weitläufig sein; wir wollen nur bei denen stehen bleiben, die sich besonders auf die deutliche Kenntnis legten. Wir werden sehen, daß sie mehrenteils praktische Ästhetiker gewesen sind; und dann können wir schließen: haben diese, die sozusagen Profession von der deutlichen Kenntnis machten, mehrenteils sinnlich gedacht, wie vielmehr die anderen, denen die deutliche unbekannt war. Man teilte die Philosophen unter den Alten in Barbaren, Griechen und Römer. Bei allen diesen werden wir in der Geschichte die Wahrheit unseres Satzes sehen. ...

Wir müssen der Kürze halber eilen und auf den Cartesius kommen. Wer ihn kennt, sieht auch, daß er ein ungemein munterer Kopf war. Seine Physik ist auf seiten der Ästhetik schöner als auf seiten der Philosophie. Man würde seine Cubi eher besingen als philosophisch von ihnen reden können. Sein Gedicht, das er noch im Alter in Schweden bei der Königin Christina gemacht, legt ein Zeugnis ab, daß er schön denken könne. Nun fingen die Philosophen an sich zu teilen, wir bleiben bei den Neuern. Hier zeigt sich Leibniz, der von allen Seiten groß war, auch als ein ästhetisch großer Kopf. Seine Theodicée ist wahrhaftig schön, und wie viel Zeugen geben die Historie und so viel Sprachen ab. Wolff und Bilfinger sind nicht weniger ästhetisch schön.

Wer die dilucidationes[238] des letzteren gelesen hat, wird sehen, wie zuweilen der Witz mit unterspielt. Er wünscht darinnen, daß man die Regeln davon besser kennen möchte und die sinnliche Kenntnis mehr triebe. Dieser Wunsch gab mit Gelegenheit, daß Herr Prof. Baumgarten die Disputation de nonnullis ad poema pertinentibus schrieb, die der Grund dieser Wissenschaft war. In der Metaphysik, wo er zeigte, daß die Untervermögen noch verbessert werden müßten, fragte man endlich, wo dies geschehe, und als die Ästhetik vorgeschlagen wurde, die noch immer in piis desideriis war, so brachte es das Verlangen sie zu sehen so weit, daß gegenwärtiges System zustande kam.

Bouhours[239], Crousaz in seinem traité du beau[240], die Gespräche der Maler[241], die Abhandlung vom Geschmack[242] enthalten viel Allgemeines vom Schönen; aber sie erschöpfen es nicht. Es konnte noch nicht in die gegenwärtige Form einer Wissenschaft gebracht werden.

Jetzt kennen wir sie als eine Wissenschaft, folglich muß alles das von ihr gesagt werden können, was man von einer Wissenschaft sagt: sie muß gewisse Gründe haben. Ihre Conclusionen müssen gewiß aus diesen gewissen Gründen hergeleitet werden, folglich müssen alle ihre Schlüsse nach der Form und Materie richtig sein. Das konnte man nicht sagen, solange die Regeln des Schönen hin und her zerstreut waren. Da man auch Wissenschaften von Begierden hat, so unterscheidet sich die Ästhetik dadurch von ihnen, daß sie eine Wissenschaft einer gewissen Erkenntnis ist. Die Wissenschaften von Kenntnissen rechnet man zur philosophia instrumentali oder organica[243], folglich gehöret auch sie zur philosphia instrumentali, und die Logik und philosophia instrumentalis werden nun nicht mehr als synonima anzusehen sein. Diese Ästhetik unterscheidet sich von der Logik dadurch, daß sie sinnliche Kenntnis, die unteren Erkenntniskräfte zu ihrem Gegenstande hat. Man könnte vielleicht noch eins und das andere wider unsere Erklärung einwenden; man könnte sagen, warum man nicht perficiendae[244] zur Definition hinzugesetzet hätte. Allein[245] die wenigen Kennzeichen bestimmen einmal schon alles zum hinlänglichen Unterschiede, und dann liegt das schon dar-

innen, weil alle Wissenschaft meine Kenntnis vollkommener macht. Man sagt, warum hat man nicht gesetzt: scientia de cognitione sensitiva et acquirenda et proponenda?[246] Allein man weiß die Regel, ohne Not keine Einteilungen in die Definitionen zu bringen. Ferner wäre dies schon zu enge erkläret und ginge weit näher auf die Beredsamkeit, da die Erklärung auch auf Musik und Malerei gehen muß. Wollte man vorschlagen anstatt proponenda significanda[247] zu setzen, so hat man das schon in unserer Definition. Denn indem ich schöne Gedanken bezeichnen soll, so muß ich wieder schön denken, damit ich jene schönen Gedanken nicht übel bezeichne.

ANMERKUNGEN DES HERAUSGEBERS

Zahlen in eckigen Klammern verweisen auf die entsprechenden Nummern des Literaturverzeichnisses. Mit M versehene Paragraphenzahlen beziehen sich alle auf die im lateinischen Text enthaltenen Selbstzitate Baumgartens aus der „Metaphysica". Mit B gekennzeichnet sind die in der Übersetzung nicht berücksichtigten, aber für die Entwicklung der deutschen Terminologie Baumgartens bemerkenswerten Ausdrücke, die in der 7. Auflage der „Metaphysica" an zahlreichen Stellen beigefügt sind.

1. M § 1: „Die Metaphysik ist die Wissenschaft, welche die ersten Grundsätze der menschlichen Erkenntnis enthält" (Metaphysica est scientia prima cognitionis humanae principia continens).
   M § 2: „Zur Metaphysik werden die Ontologie, die Kosmologie, die Psychologie und die natürliche Theologie gerechnet" (Ad metaphysicam referuntur ontologia, cosmologia, psychologia et theologia naturalis).
2. G. F. Meier übersetzt: „vernünftige Psychologie" ([9] § 369).
3. M § 55: „Die Wirklichkeit ist der Inbegriff aller Affektionen, die in einer Sache gleichzeitig möglich sind, d. h. die Erfüllung des Wesens oder der innern Möglichkeit, sofern diese nur als Gesamtheit der Bestimmungen betrachtet wird" (Existentia est complexus affectionum in aliquo compossibilium, i. e. complementum essentiae sive possibilitatis internae, quatenus haec tantum ut complexus determinationum spectatur).
4. M § 57: „Alles Wirkliche ist innerlich möglich. Oder: Wenn die Wirklichkeit gesetzt wird, wird auch die innere Möglichkeit gesetzt. Von der Wirklichkeit kann auf die Möglichkeit geschlossen werden" (Omne actuale est interne possibile, seu posita existentia ponitur interna possibilitas, ab esse ad posse).
5. M § 125: „Dasjenige, dessen Bestimmungen aufeinander folgen, wird verändert"... (Cuius determinationes sibi succedunt, mutatur).
6. M § 210: „Veränderungen des Zustandes sind Akzidentien, sie können also nur in Substanzen existieren, und zwar unter Voraussetzung einer Kraft (im engeren Sinne)"... (Mutationes status sunt accidentia, hinc non exsistere possunt nisi in substantiis, et quidem posita vi, etiam strictius dicta).
7. M § 21: „Der Grund alles Einzelnen an einem Seienden ist sein zureichender Grund, der Grund bloß von einigem ist der unzurei-

chende Grund" (Ratio singulorum in aliquo est ratio eius sufficiens, aliquorum tantum ratio est insufficiens).
8. M § 197: „Wenn einer Substanz zufällige Eigenschaften anhaften, gibt es dafür einen Grund: die Kraft in der weiteren Bedeutung (Wirksamkeit, Energie, Aktivität)"... (Si substantiae inhaerent accidentia, est aliquid inhaerentiae ratio seu vis latius dicta (efficacia, energia, activitas)).
9. Die Begriffe „cogitatio", „repraesentatio" und „perceptio" werden praktisch synonym verwendet. Die entsprechenden Verben dagegen weichen in bestimmten Zusammenhängen voneinander ab. In „repraesentare" dominiert der produktive Aspekt der „Vergegenwärtigung", in „percipere" das rezeptive Moment im Sinne der „Aufnahme". „Percipere" kann an einigen Stellen mit „erkennen" übersetzt werden. Vgl. § 572; dazu Baeumler [19] 201.
10. M § 354: „Die Welt ist eine Reihe (eine Menge, ein Ganzes) endlicher wirklicher Dinge, die kein Teil einer andern Reihe ist" (Mundus est series (multitudo, totum) actualium finitorum, quae non est pars alterius).
11) M § 155: „Eines, das völlig identisch ist mit vielen, die zusammengenommen sind, ist ein Ganzes, und viele, die zusammengenommen mit einem Ganzen völlig identisch sind, sind dessen Teile"... (Unum prorsus idem cum multis simul sumptis est totum, et multa simul sumpta prorsus eadem cum toto sunt partes eius).
12. B: „mein Leib".
13. M § 85: „Diejenige Beziehung eines Seienden, die durch seine Verbindung mit andern bestimmt wird, ist seine Stellung"... (Respectus entis ex coniunctione eius cum aliis determinatus est positus).
14. M § 281: „Die Stellung eines Seienden, das außerhalb von andern gleichzeitig wirklich ist, ist sein Ort; die Stellung eines Seienden, das auf andere folgt, ist sein Alter" (Positus simultanei extra alia actualis eius locus est, successivi positus est aetas).
15. M § 284: ...,,Der Ort der Dinge, die voneinander entfernt sind, ist ihre Lage"... (Locus inter se distantium situs est).
16. Hauptquelle dieser Terminologie ist für Baumgarten die kurze Abhandlung „Meditationes de cognitione, veritate et ideis" von G. W. Leibniz (Die philos. Schriften, hrsg. v. C. I. Gerhardt, Berlin 1875–1890, 4, 422 f.).
17. Vgl. Anm. 9.
18. M § 306: Dieser Paragraph erläutert den räumlichen und zeitlichen Zusammenhang der Dinge. Er kommt zum Schluß: „Zwischen den einzelnen wirklichen Dingen besteht ein allgemeiner Zusammenhang und eine allgemeine Harmonie" (Inter singula actualia intercedit nexus et harmonia universalis).

Anmerkungen 87

19. Vgl. Chr. Wolff, Psychologia empirica §§ 34 f.
20. B: „Felder der Verwirrung"
21. M § 12: Hier wird der wahre vom scheinbaren (apparens) Widerspruch (contradictio) abgehoben.
    M § 36: Hier wird die Realität als eine „wahrhaft bejahende Bestimmung" (determinatio vere affirmativa) definiert.
22. M § 81: „Wenn B aufgehoben wird, sobald A gesetzt ist, sind A und B entgegengesetzt" (Si posito A tollitur B, A et B opposita sunt).
23. M § 161: „Das Kleinste ist nur im Vergleich zum Nichts größer, oder dasjenige, im Vergleich zu dem etwas Kleineres nicht möglich ist"... (Minimum est solo nihilo maius, seu quo minus impossibile est).
24. M § 160: „Wessen Teil einem andern Ganzen gleich ist, ist das Größere; ein Ganzes, das dem Teil eines andern gleich ist, ist das Kleinere" (Cuius pars toti aequalis est, maius est, totum parti aequale minus est).
25. Vgl. [4] Abschnitte 8, 9, 12.
26. Vgl. [4] Abschnitte 15–17, 21–22, 24–26.
27. M § 184: Dieser Paragraph formuliert das Prinzip der Steigerung im Hinblick auf die „metaphysische" oder „transzendentale" Wahrheit. Entsprechend heißt es im § 118: „Die transzendentale Wahrheit kennt kein Gegenprinzip" (nullum habet oppositum). Vgl. [4] §§ 440/41.
28. M § 214: Dieser Paragraph behandelt das Prinzip der Steigerung im Hinblick auf „Handlung" (actio), „Leiden" (passio) und „Gegenwirkung" (reactio).
29. M § 197: Vgl. Anm. 8.
30. M § 23: „Alles Mögliche ist ein Grund, oder nichts ist ohne Folge, .. nichts ist ganz unfruchtbar"... (Omne possibile est ratio, seu nihil est sine rationato, .. nihil omnino sterile).
31. M § 208: Dieser Paragraph behandelt die Veränderlichkeit der „zufälligen Beschaffenheiten" (modi) und der „Beziehungen" (relationes). M § 214: Vgl. Anm. 28.
32. B: „vergesellschaftete Vorstellungen".
33. Vgl. [6] § 51: „Ein Begriff von einem einzelnen Dinge" (Zusatz Baumgartens zu: conceptus singularis seu individui IDEA). G. F. Meier ersetzt an unsrer Stelle „Begriff" sinngemäß durch „Vorstellung" ([9] § 381).
34. M § 148: Hier wird das „einzelne Ding" (singulare, individuum) als das „durchgängig bestimmte Seiende" (ens omnimode determinatum) definiert.
35. M § 57: Vgl. Anm. 4.
    M § 216: „Jede wirkliche Substanz handelt, also verfügt sie über die Möglichkeit des Handelns oder die Fähigkeit"... (Omnis

substantia exsistens agit, hinc habet possibilitatem agendi seu facultatem).
36. M § 402: Die mit „Verstand" (intellectus), also der „Fähigkeit, deutlich zu erkennen" (facultas distincte cognoscendi), begabten „Monaden dieser Welt" (monades huius universi intellectuales) werden als „Geister" (spiritus) bezeichnet.
37. Vgl. Anm. 9.
38. M § 67: „Die Erkenntnis der Verschiedenheit ist die Unterscheidung, und der Grund der Unterscheidung in dem, was von anderm zu unterscheiden ist, das Unterscheidungsmerkmal"... (Cognitio diversitatis est distinctio, et ratio distinctionis in distinguendo discrimen).
39. M § 160: Vgl. Anm. 24.

    M § 246: Hier wird der Begriff der quantitativen Bestimmung der „Beschaffenheiten" (qualitates) eingeführt.
40. M § 57, 216: Vgl. Anm. 35.
41. In den „Meditationes" (§ 3) rechtfertigt Baumgarten diesen Begriff durch einen Hinweis auf den „appetitus sensitivus", der in der Psychologie Chr. Wolffs aus der „verworrenen Vorstellung des Guten" (confusa boni repraesentatio) hervorgeht. Vgl. Chr. Wolff, Psychologia empirica § 580.
42. M § 67: Vgl. Anm. 38.

    M § 27: „Der Grund A irgendeines B, von dem C abhängt, ist der mittelbare Grund dieses C; ein nicht mittelbarer Grund ist unmittelbar" (Ratio A alicuius B, a quo dependet C, est huius C ratio mediata; ratio non mediata est immediata).
43. M § 21: Vgl. Anm. 7.

    M § 67: Vgl. Anm. 38.
44. M § 106: „Die Wesenheiten der Dinge sind in ihnen absolut notwendig" (Essentiae rerum sunt in iis absolute necessariae).

    M § 107: ... „Sowohl die Grundzüge als auch die Eigenschaften sind absolut notwendige Bestimmungen des Seienden" (Sunt ergo tam essentialia quam attributa absolute necessariae entis determinationes).
45. M § 108: „Das Gegenteil der nicht notwendigen Beschaffenheiten ist im Seienden absolut möglich, daher sind die nicht notwendigen Beschaffenheiten in sich zufällige Bestimmungen des Seienden"... (Modorum oppositum est in ente absolute possibile, hinc modi sunt determinationes entis in se contingentes).
46. M § 132: „Die Wesenheiten der Dinge, ihre Grundzüge und Eigenschaften, die Wirklichkeit des notwendigen Seienden, alle seine transzendentalen innern Bestimmungen: Einheit, Wahrheit, Vollkommenheit, sind absolut und innerlich unveränderlich" (Essentiae rerum, essentialia et attributa, exsistentia entis necessarii, omnes eius determinationes internae, unitas, veritas et perfectio, transcendentales, sunt absolute et interne immutabiles).

47. M § 133: ... „Jedes zufällige Seiende ist absolut und innerlich veränderlich"... (Omne ens contingens est absolute et interne mutabile).
48. M § 135: „Wenn eine Verneinung gesetzt wird, wird eine Realität aufgehoben. Also sind Verneinungen und Realitäten einander entgegengesetzt"... (Negatione posita realitas tollitur. Hinc negationes et realitates sunt sibi invicem oppositae).
49. M § 136: „Ein rein negatives Seiendes wäre ein Seiendes, dem keine Realität, daher auch keine Möglichkeit, noch Zusammenhang, noch Wirklichkeit, noch Einheit, noch Wahrheit, noch Vollkommenheit zukäme"... (Ens mere negativum esset, cui nulla inesset realitas, hinc nec possibilitas, nec rationalitas, nec actualitas, nec unitas, nec veritas, nec perfectio).
50. M § 12: Vgl. Anm. 21.
51. M § 166: ... „Die Größe eines Grundes, die durch die Menge der Folgen bestimmt ist, heißt Fruchtbarkeit, diejenige, welche durch die Größe der Folgen bestimmt ist, Bedeutung (Ernst, Würde, Adel)" (Magnitudo rationis ex numero rationatorum est fecunditas, ex magnitudine eorum pondus (gravitas, dignitas, nobilitas)).
52. M § 169: „Der zureichende Grund ist der fruchtbarste Grund"... (Ratio sufficiens est rationum fecundissima).
53. Im § 344 stehen die Substantive „obiectum" und „subiectum", beide mit der Bedeutung „Gegenstand", noch als Synonyme nebeneinander: „obiectum, subiectum occupationis" (Gegenstand der Beschäftigung). Hier dagegen versteht Baumgarten wie in der „Aesthetica" (§ 559) unter „Subjekt" ein handelndes und empfindendes Ich im neuzeitlichen Sinn. Der Übergang von der alten zur neuen Bedeutung ist freilich schon vor Baumgarten nachzuweisen. Vgl. Th. Hobbes, De corp. 25,3: „subiectum sensionis ipsum est sentiens, nimirum animal" (Das Subjekt der Empfindung ist selbst empfindend, eben ein Lebewesen).

Mit großer Wahrscheinlichkeit hat Baumgarten den Begriff des „Subjektiven" in der seit Kant geläufigen Bedeutung in die philosophische Begriffssprache eingeführt. Vgl. J. E. Erdmann, Versuch einer wiss. Darstellung der Geschichte der Philosophie (1834–1842, Faks.-Neudruck Stuttgart 1932) 4, 379. Der Begriff kommt in der „Metaphysica" noch an folgenden Stellen vor: § 358: nexus subiectivus (subjektiver Zusammenhang); § 593: somnia subiective sumpta (subjektiv aufgefaßte Träume); § 654: subiective adiaphoron (das in subjektiver Hinsicht nicht Unterschiedene); § 880: certitudo subiectiva (subjektive Gewißheit). Vgl. [4] § 424 und Anm. 210.
54. M § 246: Vgl. Anm. 39.
55. M § 161: Vgl. Anm. 23.
56. M § 160: Vgl. Anm. 24.

90 Anmerkungen

57. B: „daran gedenke ich, darauf habe oder gebe ich acht."
58. B: „das lasse ich aus der Acht, das werfe ich in Gedanken weg, das verdunkle ich mir, das entziehe ich meinen Gedanken." Vgl. Baeumler [19] 199.
59. M § 216: Vgl. Anm. 35.   60. M § 354: Vgl. Anm. 10.
61. M § 248: Dieser Paragraph behandelt den Gegensatz von „endlich" (finitum) und „unendlich" (infinitum) und die diesen Begriffen zugeordneten „Grade der Realität" (gradus realitatis).
62. B: „eine gehäufte".
63. M § 155: Vgl. Anm. 11.
64. M § 162: „Was in ein Kleineres verändert wird, wird vermindert, was in ein Größeres, vermehrt"... (Mutari in minus est minui, mutari in maius augeri).
65. B: „ein schärferes, strengeres",
66. B: „ein verbreiteteres Licht". Vgl. Baeumler [19] 319: „Baumgarten hatte, die Cartesisch-Leibnizische Begriffslehre zuschärfend, zwischen extensiver und intensiver Klarheit der Begriffe unterschieden. Jene war das Ergebnis einer Merkmalhäufung, diese das einer Merkmalsonderung." Vgl. auch Franke [35] 48.
67. B: „das schimmernde der Erkenntnis und Rede".
68. B: „die beweist, wahrmacht".
69. B: „die entdeckt, anzeigt, woraus erhellt".
70. B: „die erläutert, aufhellt".
71. B: „die aufschließt, aus einander setzt, entwickelt".
72. M § 93: „Die objektive Gewißheit ist die Erkennbarkeit der Wahrheit im Seienden" ... (Certitudo obiectiva est apperceptibilitas veritatis in ente). Vgl. Anm. 53.
73. Diese Begriffe haben wie noch andere ästhetische Termini Baumgartens zugleich aktive und passive, produktive und rezeptive Bedeutung. Vgl. [36] 82ff.; 295, Anm. 4; 299, Anm. 3.
74. B: „seichte, unsichre".
75. Zum Begriff „Größe" vgl. § 515.
76. B: „von überredender",
77. B: „von überzeugender Kraft und Wirksamkeit."
78. B: „das völlig ausgemachte".
79. M § 185: Dieser Paragraph formuliert das Prinzip der Steigerung der Vollkommenheitsgrade.
80. B: „die Wissenschaft des Schönen". Da Baumgarten den die Definition der Ästhetik enthaltenden § 533 mehrfach umgearbeitet hat, seien die vorausgehenden Fassungen hier aufgeführt:
   1. Auflage (1739): „Scientia sensitive cognoscendi et proponendi est AESTHETICA, meditationis et orationis sensitivae vel minorem intendens perfectionem, RHETORICA, vel maiorem POETICA UNIVERSALIS" (Die Wissenschaft der sinnlichen Erkenntnis und Darstellung ist die Ästhetik; wird eine geringere Vollkommenheit der Überlegung und der sinnlichen Rede ange-

strebt, ist es die Rhetorik, wird eine größere Vollkommenheit angestrebt, ist es die universale Poetik).

2. Auflage (1742): „Scientia sensitive cognoscendi et proponendi est AESTHETICA (logica facultatis cognoscitivae inferioris)" (Die Wissenschaft der sinnlichen Erkenntnis und Darstellung ist die Ästhetik (als Logik des unteren Erkenntnisvermögens)).

81. Vgl. Anm. 73.
82. M § 369: „Der Zustand der Welt ist die Gesamtheit aller gleichzeitigen Zustände in ihren Teilen"... (Status mundi est totum omnium statuum in partibus eius simultaneorum).
83. M § 216: Vgl. Anm. 35.
84. B: „Werkzeuge der Sinnen".
85. B: „Gefühl".
86. M § 288: Dieser Paragraph erläutert den Begriff des „Abstandes" (distantia) und den Unterschied zwischen den „näheren" (propiora) und den „entfernteren" (remotiora) Dingen.
87. Vgl. § 515.
88. M § 219: ...„Eine größere bedingte Fähigkeit heißt Fertigkeit" (Maior facultas hypothetica est habitus).
89. Vgl. Anm. 9.
90. M § 221: „Das Hindernis ist das Gegenteil der Wirklichkeit einer zufälligen Beschaffenheit, daher auch das Gegenteil der Veränderungen" (Impedimentum est oppositum accidentis inhaerentiae, hinc et oppositum mutationibus est impedimentum).
91. M § 148: Vgl. Anm. 34.
92. M § 357: Thema dieses Paragraphen ist der universale Zusammenhang des Ganzen der Welt mit ihren Teilen und der Teile unter sich.
93. M § 14: ...„Die Bestimmung, nach der etwas entweder ein Grund oder eine Folge oder beides zugleich ist, heißt Zusammenhang (Verknüpfung)" (Praedicatum, quo aliquid vel ratio vel rationatum est vel utrumque, nexus est).

M § 37: Hier werden von den „unbedingten Bestimmungen" (determinationes absolutae) die „bedingten" (respectivae) abgehoben, die einem Seienden nur dann zugesprochen werden können, wenn es „im Zusammenhang betrachtet wird" (dum spectatur in nexu).

94. B: „Betrug der Sinne".
95. M § 30: „Wenn ein Grund (also auch ein zureichender Grund) gesetzt wird, wird eine Folge gesetzt"... (Posita ratione, hinc et sufficiente, ponitur rationatum).

M § 35: „Der Grund, warum etwas bestimmt wird, ist das Bestimmende. Wenn also etwas Bestimmendes gesetzt wird, wird auch etwas Bestimmtes gesetzt"... (Ratio determinandi est determinans. Hinc posito determinante ponitur determinatum).

96. M § 205: In einer „zufälligen Substanz" (suppositum contingens) „ist Unveränderliches und Veränderliches beisammen" (coexsistunt... immutabilia cum mutabilibus). „Ein derartiges Beisammensein heißt ‚Zustand'" (Eiusmodi coexsistentia status est). „Also hat die zufällige Substanz einen Zustand" (Ergo suppositum contingens habet statum).

   M § 298: Hier werden die gegenwärtig wirklichen Dinge (exsistentia) von den in der Vergangenheit, in der Zukunft und der Möglichkeit nach wirklichen (praeterita, futura, entia in potentia) unterschieden.
97. M § 57: Vgl. Anm. 4
98. M § 377: „Endliche Dinge" (finita), die „im allgemeinen Zusammenhang einer Welt möglich sind" (in universali nexu alicuius mundi possibilia sunt), sind „Möglichkeiten dieser Welt" (possibilia illius mundi).
99. M § 184: Vgl. Anm. 27.
100. Übersetzung Baumgartens
101. B: „das Vorurteil des Thomas".
102. M § 81: Vgl. Anm. 22.
103. M § 247: Der höhere und der tiefere „Grad" (gradus) einer ‚Beschaffenheit" (qualitas) sind nur miteinander denkbar: „Die Bejahung eines höheren Grades führt notwendigerweise zur Bejahung des entsprechenden tieferen Grades, die Verneinung eines tieferen Grades notwendig zur Verneinung des höheren Grades" (Ab affirmato gradu maiore ad affirmandum minorem, a negato gradu minore ad negandum gradum maiorem valet consequentia).
104. B: „so sagt man, er sei bei sich selbst, seiner mächtig."
105. B: „so kommt er von sich, so wird er außer sich gesetzt."
106. B: „eine Entzückung".
107. M § 470: Hier wird der Begriff des „Natürlichen (naturale) differenziert. Es wird unterschieden, was „für einen bestimmten Körper" (certo corpori), „für eine bestimmte körperliche Welt" (certo mundo corporeo), „für einen bestimmten nicht notwendigen Geist" (certo spiritui contingenti) und „für eine bestimmte geistige Welt" (certo mundo pneumatico) natürlich ist.
108. M § 474: „Ein Ereignis dieser Welt, das nicht durch die Natur irgendeines zufälligen Seienden hervorgebracht wird, ist übernatürlich. Ein Ereignis, das durch die bestimmte Natur irgendeines zufälligen Seienden, in dem es sich abspielt, nicht hervorgebracht wird, ist im Hinblick auf dieses Seiende widernatürlich"... (Eventus mundi a nullius entis contingentis natura actuatus supernaturalis est. Eventus a determinata certi entis contingentis, in quo evenit, natura non actuatus respectu illius entis praeternaturalis est).

109. Vgl. Anm. 108.
110. M § 475: „Übernatürliche Ereignisse" (supernaturalia) sind „den natürlichen entgegengesetzt" (naturalium opposita). Sie sind möglich, da die natürlichen Ereignisse „in jeder Welt" (in omni mundo) „zufällig" oder „nicht notwendig" (contingentia) sind.
111. M § 482—500: Dieser Abschnitt, der das Kapitel „Kosmologie" abschließt, behandelt die „bedingte Möglichkeit übernatürlicher Ereignisse".
112. M § 265: Da bestimmte „Beschaffenheiten" (qualitates) allen Dingen gemeinsam sind, sind sie „einander alle bis zu einem gewissen Grad ähnlich" (sibi sunt in aliquo gradu similia).
113. M § 369: Vgl. Anm. 82.
114. M § 216: Vgl. Anm. 35.
115. M § 298: Vgl. Anm. 96.
116. M § 223: Dieser Paragraph deutet die „Gegenwart" (praesentia) als einen Zustand, in dem die sich berührenden Substanzen einen „Einfluß" (influxus) aufeinander haben, der bei der Abwesenheit ausbleibt.
117. Bewußte Abwandlung des sensualistischen Grundsatzes: „Nichts ist im Verstand, was nicht vorher in den Sinnen gewesen ist" (Nihil est in intellectu, quod non antea fuerit in sensu)
118. Vgl. Anm. 33.
119. M § 257: „Was einen Grad der Realität hat, der noch größer sein kann, das hat eine bestimmte Beschaffenheit, und daher eine innere Bestimmung, die verstärkt, also verändert werden kann. Folglich ist ein endliches Seiendes innerlich veränderlich"... (Quod habet gradum realitatis, quo maior possibilis est, eius qualitas quaedam, hinc interna determinatio intendi, hinc mutari potest. Ergo ens finitum est interne mutabile).
120. M § 306: Vgl. Anm. 18.
121. Vgl. J. Locke, An essay concerning human understanding (1690) 2, 33.
122. M § 81: Vgl. Anm. 22.
123. Das Verb „imaginari" ist im Deutschen nicht leicht wiederzugeben. Da „sich einbilden" seit Luther weitgehend auf scheinhafte, irrige Vorstellungen bezogen wird, weicht schon G. F. Meier ([9] § 420) in die Übersetzung: „ich stelle mir durch die Einbildungskraft vor" aus.
124. „Socius" (im § 516 mit „verbunden" wiedergegeben) hat hier im Kontrast zu „antecedens" vorwiegend zeitliche Bedeutung.
125. M § 219: Vgl. Anm. 88.
126. M § 298: Vgl. Anm. 96.
127. M § 323: „Eine einzelne Handlung samt ihrer Wirkung wird Ereignis genannt. Die Beziehung eines Ereignisses heißt Umstand. Die Gesamtheit aller Beziehungen, die bei einem Ereig-

nis zusammenlaufen, ist die Gelegenheit und die Ursache dieser Gesamtheit die Gelegenheitsursache"... (Actio singularis cum effectu suo eventus dicitur. Relatio eventus est circumstantia. Complexus relationum ad eventum concurrentium occasio eiusque causa causa occasionalis est).

128. M § 38: „Wenn A Bestimmungen enthält, die auch in B sind, so stimmen A und B überein. Was nicht übereinstimmt, ist verschieden (anders)" (Si in A sunt, quae in B, A et B sunt eadem. Non eadem sunt diversa (alia)).
    M § 67: Vgl. Anm. 38.
129. M § 221: Vgl. Anm. 90.
130. M § 38: Vgl. Anm. 128.
131. B: „eine ausschweifende",
132. B: „eine wohlgeordnete Einbildungskraft."
133. M § 216: Vgl. Anm. 35.
134. Der Vergleich mit analogen Satzkonstruktionen in den §§ 573, 584, 599, 606 zeigt, daß hier im lateinischen Text anstelle von „repraesentandas" „repraesentandam" gelesen werden muß.
135. B. „Vergleichungen der Größen".
136. M § 219: Vgl. Anm. 88.
137. B: „Witz in engrer Bedeutung."
138. B: „Ungleichheit der Verhältnisse".
139. M § 219: Vgl. Anm. 88.
140. Vgl. [19] 146: „Witz (ingenium) ist nach Wolff die Leichtigkeit, Ähnlichkeiten (verschiedener) Dinge wahrzunehmen. Dagegen heißt die Fähigkeit, in *einem* Dinge viel zu unterscheiden, Scharfsinn (acumen)." Dabei setzt Baeumler voraus, daß der Ausdruck „Witz" in der ersten Hälfte des 18. Jahrhunderts dasselbe wie „Geist" bedeutet. Die einschlägigen Stellen bei Wolff: Psychologia empirica §§ 476, 332.
141. B: „eine artige oder feine Einsicht".
142. M § 38: Vgl. Anm. 128.
143. M § 402: Vgl. Anm. 36.
144. M § 265: Vgl. Anm. 112.
    M § 269: ... „Zwei aussereinander wirkliche einzelne Dinge, die völlig identisch wären, sind unmöglich"... (Impossibilia sunt duo extra se singularia prorsus seu totaliter eadem).
145. B: „Spiele des Witzes".
146. B: „Scharfsinnige Gedanken".
147. B: „Betrug des Witzes".
148. B: „Spitzfindigkeiten, leere Grübeleien".
149. M § 219: Vgl. Anm. 88.
150. M § 162: Vgl. Anm. 64.
151. B: „göttliche Fertigkeiten der Seele".
152. B: „ein stumpfer Kopf".
153. Im Zusammenhang mit dem Scharfsinn sollte man erwarten,

Anmerkungen 95

daß die Fähigkeit, die *Verschiedenheiten* der Dinge zu erkennen, angesprochen ist.
154. M § 221: Vgl. Anm. 90.
155. M § 323: Vgl. Anm. 127.
156. M § 216: Vgl. Anm. 35.
157. B: „in das Gedächtnis fassen".
158. M § 10: ... „Alles, was möglich ist, ist entweder A oder nicht A, oder: Jedem Subjekt kommt unter allen einander widersprechenden Prädikaten nur das eine von beiden zu"... (Omne possibile aut est A aut non A seu omni subiecto ex omnibus praedicatis contradictoriis alterutrum convenit).
159. B: „das Andenken von etwas erneuern".
160. Vgl. Anm. 33.
161. M § 216: Vgl. Anm. 35.
    B: „das Vermögen sich worauf wieder zu besinnen".
162. B: „das Andenken des Ortes".
163. B: „die Erinnerung des Gleichzeitigen".
164. M § 219: Vgl. Anm. 88.
165. B: „fertiges Gedächtnis"
166. B: „durch Trennen und Absondern".
167. M § 216: Vgl. Anm. 35
168. M § 155: Vgl. Anm. 11.
169. M § 63: „Jedes Seiende ist möglich, hat einen zureichenden Grund und eine Folge, ist also doppelt verknüpft, hat ein Wesen und Wesenszüge, also Affektionen im allgemeinen Zusammenhang"... (Omne ens est possibile, rationem sufficientem habet et rationatum, hinc dupliciter connexum est, habet essentiam et essentialia, hinc affectiones in universali nexu).
170. M § 64: „Die Eigenschaften eines Seienden werden durch sein Wesen hinreichend bestimmt; sobald also das Wesen gesetzt wird, werden zugleich die Eigenschaften gesetzt"... (Per essentiam attributa entis sufficienter determinantur, hinc posita essentia ponuntur attributa).
171. M § 54: „Das Mögliche ist außer seinem Wesen entweder im Hinblick auf alle Affektionen, die auch in ihm miteinander möglich sind, bestimmt, oder nicht. Im ersten Fall ist es wirklich, im zweiten wird es zufällig nichtseiend genannt"... (Possibile praeter essentiam aut est determinatum, qua omnes affectiones etiam in ipso compossibiles, aut minus. Illud est actuale, hoc non ens privativum vocatur).
    M § 148: Vgl. Anm. 34.
172. M § 219: Vgl. Anm. 88.
173. Vgl. S. 73.
174. M § 91: „Die der transzendentalen Wahrheit entgegengesetzte Verworrenheit wäre ein objektiv genommener Traum" (Con-

fusio veritati transcendentali opposita esset somnium obiective sumptum) Vgl. Anm. 72.
175. M § 470: Vgl. Anm. 107.
176. M § 474: Vgl. Anm. 108.
177. B: „verrückte Leute".
178. M § 369: Vgl. Anm. 82.
179. B: „die Vorhersehung, das Vorhersehen, Vorausbemerken".
180. M § 216: Vgl. Anm. 35.
181. M § 219: Vgl. Anm. 88.
182. M § 67: Vgl. Anm. 38.
183. M § 38: Vgl. Anm. 128.
184. M § 357: Vgl. Anm. 92.
185. M § 377: Vgl. Anm. 98.
186. M § 221: Vgl. Anm. 90.
187. M § 350: Dieser Paragraph geht im Anschluß an die Gleichsetzung des „Zeichens für eine Vorstellung" (signum repraesentationis) mit dem Begriff „Ausdruck" (terminus) auf einige Aspekte der Sprache ein.
188. B: „Vorherempfindungen".
189. B: „das Vorherbemerkte trifft ein, die Vorhersehung wird erfüllt."
190. B: „das betrügliche Vorhersehn".
191. Vgl. Anm. 9.
192. M § 216: Vgl. Anm. 35.
193. M § 219: Vgl. Anm. 88.
194. M § 94: „Wenn viele zusammengenommen den zureichenden Grund von einem festlegen, so stimmen sie überein. Die Übereinstimmung selbst ist die Vollkommenheit"... (Si plura simul sumpta unius rationem sufficientem constituunt, consentiunt. Consensus ipse est perfectio).

M § 121: Hier werden zwei Arten der Unvollkommenheit unterschieden: 1) die „einfache Nichtübereinstimmung" (non consensus simplex), 2) die „Gegensätzlichkeit" (dissensus).
195. M § 402: Vgl. Anm. 36.
196. B: „Von dem, das man empfindet".
197. M § 250: „In allem Endlichen" (in omni finito) ist „Verneinung" (negatio) und daher „Unvollkommenheit" (imperfectio) vorauszusetzen. Da die Verneinung „unbedingt notwendig" (absolute necessaria) ist, spricht Baumgarten vom „metaphysischen Übel" (malum metaphysicum). Vgl. „Aesthetica" [4] § 557.

M § 354: Vgl. Anm. 10.
198. „Sagire" bedeutet „spüren", „wittern", „praesagire" also „vorausspüren", „vorausempfinden". Baumgarten spricht zuerst allgemein vom „Vermögen, etwas zu erwarten", dann schränkt er den Begriff der „praesagitio" auf den Bereich der sinnlichen

Erkenntnis ein und schlägt folgende Wendungen vor: „Ahndungen und das Vermögen, sich etwas ahnden zu lassen."
199. M § 402: Vgl. Anm. 36.
200. Vgl. S. 73 f.
201. Mit diesem Begriff bezeichnet Chr. Wolff eine Fähigkeit, die der Mensch mit den Tieren gemeinsam hat; er operiert wie vor ihm Leibniz (Monadologie § 26) mit dem Beispiel des Hundes, der sich fürchtet, wenn man ihm den Stock zeigt, und erklärt: „Da diese Erwartung ähnlicher Fälle bei der Steuerung des eigenen Verhaltens die Stelle der Vernunft einnimmt und daher ein Analogon der Vernunft ist, verfügt der Hund über ein der Vernunft analoges Denken" (Cum haec casuum similium exspectatio in dirigendis actionibus rationis vicem gerens sit rationis analogum, canis analogum rationis habet) (Psychologia rationalis § 765).
202. Vgl. Anm. 33.
203. B: „Vorher vermuten".
204. M § 216: Vgl. Anm. 35.
205. M § 161: Vgl. Anm. 23.
206. M § 219: Vgl. Anm. 88.
207. B: „das Wahrsagen oder die Voranzeige".
208. B: „das Vermögen der Zeichen-Kunde".
209. M § 216: Vgl. Anm. 35.
210. M § 358: Außer dem „Zusammenhang der Zeichen" nennt dieser Paragraph den „Zusammenhang der wirkenden Ursachen" (nexus effectivus), der „Nützlichkeit" (utilitatis), der „Anwendungen" (usuum), der „Zwecke" (finalis), der „Muster" (exemplaris) und den „subjektiven" und „formalen Zusammenhang". Unter dem „subjektiven Zusammenhang" versteht Baumgarten nach dem § 345 den Zusammenhang zwischen der Ursache und dem Bewirkten („subiectivus" bezeichnet hier ein Verhältnis der „Unterworfenheit"), unter dem „formalen Zusammenhang" denjenigen zwischen den Ursachen untereinander.
211. M § 402: Vgl. Anm. 36.
212. M § 347: „Ein Mittel, die Wirklichkeit eines andern Dinges zu erkennen, ist das Zeichen, und der Zweck des Zeichens ist das Bezeichnete. Daher ist das Zeichen ein Ausgangspunkt für die Erkenntnis des Bezeichneten" (Medium cognoscendae alterius exsistentiae signum est, signi finis signatum. Hinc signum est signati principium cognoscendi).
213. M § 349: Hier wird die Unterteilung der „Wissenschaft der Zeichen (Semiotik, philosophische Semiologie, Symbolik)" in Heuristik und Hermeneutik näher erläutert: Die Heuristik beschäftigt sich mit der Erfindung der Zeichen (de inveniendis

signis), die Hermeneutik mit der Erkenntnis des durch die Zeichen Bezeichneten (de cognoscendis signorum signatis).
214. „Die Etymologie sucht die ‚ursprüngliche Wahrheit' in der Durchsichtigmachung der ursprünglichen Übereinstimmung von Wortform und Wortbedeutung"; „die Analogie ist eine Schlußfolgerung, in der Unbekanntes aus Bekanntem erschlossen wird" (H. Lausberg, Handbuch der literarischen Rhetorik, München 1960, § 466). Baumgarten selbst bezeichnet die Etymologie in der „Sciagraphia" [7] in einem deutschen Zusatz als „Wortforschung" (§ 20).
215. Der § 622 ist unter allen Paragraphen, in denen Baumgarten schon in der zweiten Auflage (1742) das Wort „Aesthetica" zur Kennzeichnung des dem jeweiligen Abschnitt entsprechenden ästhetischen Teilgebietes neu eingeführt hat, am meisten erweitert worden. Der Stil des Zusatzes nach der Einführung des Begriffs der „aesthetica characteristica" erinnert deutlich an die entsprechenden Passagen im § 147 der „Philosophia generalis". Vgl. S. 75 f.
216. Der § 623 ist von G. F. Meier sinngemäß an den Schluß des vorausgehenden Abschnittes über das „Erwartungsvermögen" gesetzt worden ([9] § 458).
217. J. H. Alstedt (1588—1638), Encyclopaedia septem tomis distincta, Herborn 1630.
218. Gemeint ist die „Sciagraphia encyclopaediae philosophicae", die Baumgarten zum Gebrauch in seinen Vorlesungen verfaßt hatte und die J. Chr. Förster erst 1769 aus seinem Nachlaß herausgegeben hat [7].
219. Vgl. Meditationes [1] § 115; Aesthetica [4] § 424; Sciagraphia [7] § 25.
220. Vgl. Einführung Anm. 15.
221. Vgl. Metaphysica §§ 529, 625.
222. Vgl. Metaphysica § 534.
223. Ein Akrostichon liegt vor, wenn die Anfangsbuchstaben der Verse oder Strophen eines Gedichtes ein Wort oder einen Satz bilden, ein Anagramma, wenn die Buchstaben eines Wortes so versetzt werden, daß ein neues Wort entsteht. Der Ausdruck „Eteostichon" ist wahrscheinlich eine Analogiebildung Baumgartens.
224. P. v. Musschenbroek, Tentamina experimentorum naturalium captorum in Academia de Cimento, aus dem Italienischen ins Lateinische übersetzt, und mit neuen Experimenten, auch einer Rede de methodo instituendi experimenta physica vermehrt (Leiden 1731).
225. Englischer Chemiker und Physiker 1627—1691.
226. N. Malebranche, De la recherche de la vérité (Paris 1674/1675). Deutsch: Von der Wahrheit (1776).

Anmerkungen 99

227. F. Bacon, Novum organum scientiarum (London 1620).
228. Vgl. Sciagraphia [7] § 26: „doctrina de armis sensuum et instrumentis".
229. Vgl. den zweiten philosophischen Brief (S. 69): „Die Wissenschaft der Verbesserung sinnlicher Erkenntnis teilt der Verfasser in die Künste, so sich mit der Erkenntnis *selbst*, und die, so sich mit dem lebhaften Vortrage hauptsächlich beschäftigen."
230. Vgl. Sciagraphia [7] § 33: „per BATHCOL seu vocem incognitae originis" (durch Bathcol oder ein Wort unbekannten Ursprungs).
231. Vgl. Anm. 214.
232. Vgl. Aesthetica [4] § 10.
233. Vgl. Sciagraphia [7] § 85.
234. Vgl. Einführung, Anm. 2.
235. D. Buchanan, Historia animae humanae (o. O. 1636).
236. Ist zu ergänzen „will". Das Wort „will" fehlt in der Handschrift (Anmerkung von B. Poppe).
237. D. Bouhours, La manière de bien penser dans les ouvrages d'esprit (Paris 1687) avertissement.
238. G. B. Bilfinger, Dilucidationes philosophicae de Deo, anima humana, mundo et generalibus rerum affectionibus, 3. Aufl. (Tübingen 1748).
239. Vgl. Anm. 237.
240. J. P. de Crousaz, Traité de beau (Amsterdam 1715).
241. J. J. Bodmer und J. J. Breitinger, Discourse der Mahlern (Zürich 1721).
242. J. J. Bodmer und J. J. Breitinger, Briefwechsel von der Natur des poetischen Geschmacks (Zürich 1736).
243. Vgl. S. 69.
244. Der § 14 der „Aesthetica" bestimmt als Ziel der Ästhetik die „Vervollkommnung der sinnlichen Erkenntnis" (perfectio cognitionis sensitivae).
245. In der Handschrift steht: „Alle die wenigen Kennzeichen" usw. Das ist offenbar ein Schreibfehler, denn es gibt keinen Sinn und muß heißen „allein" (Anmerkung von B. Poppe).
246. „Die Wissenschaft vom Erwerb und von der Darstellung der sinnlichen Erkenntnis".
247. Vgl. Einführung S. IX.

LITERATUR

A. Werke A. G. Baumgartens, Ausgaben und Übersetzungen

[1] Meditationes philosophicae de nonnullis ad poema pertinentibus (Halle 1735). Neudr. ed. B. Croce 1936. Lat./engl. hrsg. von K. Aschenbrenner/W. Holther (Berkeley/Los Angeles 1954). Ins Deutsche übers. und hrsg. von A. Riemann (Halle 1928). Lat./deutsch hrsg. von H. Paetzold. Philos. Bibliothek Bd. 352 (Hamburg 1983).
[2] Metaphysica (Halle 1739). Repr. d. 7. Aufl. (Halle 1779): 1963.
[3] Philosophische Briefe von Aletheophilus (Frankfurt/Leipzig 1741).
[4] Aesthetica (Frankfurt a. O. 1750/58, Repr. 1961).
[5] Ethica (Halle 1740). Repr. d. 3. Aufl. (Halle 1763): 1969.
[6] Acroasis logica, aucta et in systema redacta a J. G. Toellnero (Halle 1765).
[7] Sciagraphia encyclopaediae philosophicae, aus dem Nachlaß hrsg. von J. Chr. Förster (Halle 1769).
[8] Philosophia generalis (Halle 1770, Repr. 1968).
[9] Metaphysik, deutsch von G. F. Meier (Halle 1776, neue verm. Ausgabe, hrsg. von J. A. Eberhard, Halle 1783).
Deutsche Kollegnachschrift der Ästhetikvorlesung Baumgartens, in [16].

B. Biographien und Gesamtdarstellungen

[10] J. Chr. Förster: Charakter dreier berühmter Weltweisen der neueren Zeit, nämlich Leibnizens, Wolffs und Baumgartens (Halle 1765).
[11] Th. Abbt: A. G. Baumgartens Leben und Charakter, in: Vermischte Schriften (Halle 1771–1780) 4, 215 ff.
[12] H. G. Meyer: Leibniz und Baumgarten als Begründer der deutschen Ästhetik (Diss. Halle 1874).
[13] J. Schmidt: Leibniz und Baumgarten. Ein Beitrag zur Geschichte der deutschen Ästhetik (Halle 1875).
[14] H. v. Stein: Die Entstehung der neueren Ästhetik (Stuttgart 1886).
[15] R. Sommer: Grundzüge einer Geschichte der deutschen Psychologie und Ästhetik von Wolff-Baumgarten bis Kant-Schiller (Würzburg 1892).

[16] B. Poppe: A. G. Baumgarten, seine Stellung und Bedeutung in der Leibniz-Wolffschen Philosophie (Diss. Leipzig 1907).
[17] E. Bergmann: Die Begründung der deutschen Ästhetik durch A. G. Baumgarten und G. F. Meier (Leipzig 1911).
[18] E. Cassirer: Freiheit und Form (Berlin 1922).
[19] A. Baeumler: Das Irrationalitätsproblem in der Ästhetik des 18. Jahrhunderts bis zur Kritik der Urteilskraft (Halle 1923, Repr. 1967).
[20] B. Croce: Gesammelte philos. Schriften, 1. Reihe, Bd. I, Ästhetik als Wissenschaft vom Ausdruck, deutsch von H. Feist (Tübingen 1930).
[21] H. Schwitzke: Die Beziehungen zwischen Ästhetik und Metaphysik in der deutschen Philosophie vor Kant (Diss. Berlin 1930).
[22] A. Nivelle: Les théories esthétiques en Allemagne de Baumgarten à Kant (Paris 1955).
[23] H. P. Herrmann: Naturnachahmung und Einbildungskraft. Zur Entwicklung der deutschen Poetik von 1670 bis 1740 (Berlin/Zürich 1970).
[24] H. G. Juchem: Die Entwicklung des Begriffs des Schönen bei Kant (Bonn 1970).
[25] J. Ritter: Artikel „Ästhetik, ästhetisch" in: Historisches Wörterbuch der Philosophie, hrsg. von J. Ritter, Bd. I (Basel 1971) Sp. 555–580.
[26] H. R. Schweizer: Vom ursprünglichen Sinn der Ästhetik (Verlag Rolf Kugler, Oberwil-Zug 1976).

C. Untersuchungen zu Baumgartens Ästhetik

[27] K. Raabe: A. G. Baumgarten aestheticae in disciplinae formam redactae parens et auctor (Rostock 1873).
[28] Erich Prieger: Anregung und metaphysische Grundlagen der Ästhetik von A. G. Baumgarten (Diss. Halle 1875).
[29] A. Riemann: Die Ästhetik A. G. Baumgartens, unter besonderer Berücksichtigung der „Meditationes"... nebst einer Übersetzung dieser Schrift (Halle 1928).
[30] P. Menzer: Zur Entstehung von A. G. Baumgartens Ästhetik, in: Logos, N. F. Bd. 4 (1938) 288–296.
[31] B. Croce: Rileggendo l'estetica del Baumgarten, in: La Critica 31 (Neapel 1933).
[32] H. G. Peters: Die Ästhetik Baumgartens und ihre Beziehungen zum Ethischen. Neue deutsche Forschungen, Abt. Philos. I (1934).
[33] M.-L. Linn: A. G. Baumgartens „Aesthetica" und die antike

Rhetorik, in: Deutsche Vierteljahrsschr. für Lit.wiss. u. Geistesgesch. 41, H. 3 (1967) 424—443.

[34] Norbert Menzel: Der anthropologische Charakter des Schönen bei Baumgarten (Wanne-Eickel 1969).

[35] U. Franke: Kunst als Erkenntnis. Die Rolle der Sinnlichkeit in der Ästhetik des A. G. Baumgarten. Studia Leibnitiana Suppl. 9 (1972).

[36] H. R. Schweizer: Ästhetik als Philosophie der sinnlichen Erkenntnis. Eine Interpretation der ,,Aesthetica" A. G. Baumgartens mit teilweiser Wiedergabe des lateinischen Textes und deutscher Übersetzung (Basel 1973).

[37] B. Scheer: Baumgartens Ästhetik und die Krise des Ästhetischen, in: Philos. Rundschau 22 (Tübingen 1976) H. 1—2.

[38] M. Casula: Baumgarten entre Leibniz et Wolff, Archives de philosophie 42 (Paris 1979) n. 4, 547—574.

[39] M. Jäger: Kommentierende Einführung in Baumgartens ,,Aesthetica" (Hildesheim 1980) (Behandelt die §§ 1—13 der ,,Aesthetica").

NAMENREGISTER

Allstedt, J. H. 68, 98
Aristoteles 79

Bacon, F. 72, 99
Bilfinger, G. B. 81, 99
Bodmer, J. J. 99
Bouhours, D. 80, 82, 99
Boyle, R. 71
Breitinger, J. J. 99
Buchanan, D. 80, 99

Cartesius 81
Crousaz, J. P. de 82, 99

Förster, J. Chr. XV, XVIII, XXIII, 98

Herder, J. G. VIII
Hippokrates 72

Jean Paul VIII

Kant, I. X

Leibniz, G. W. XII, XIII, XX, 68, 81, 86, 97
Locke, J. 93

Malebranche, N. 71, 98
Meier, G. F. VII, VIII, XI, XXIV, 80, 85, 93, 98
Musschenbroek, P. v. 71, 98

Plato 79

Thümmig, L. P. XI

Walch, J. G. XX
Wolff, Chr. XI, XII, XIII, XX, XXI, 81, 87, 88, 94, 97

SACHREGISTER

Von Baumgarten selbst gebrauchte deutsche Ausdrücke sind mit (B) gekennzeichnet.

absondern (B) (praescindere) 45, 47, Anm. 166
Absonderung (B) (abstractio) XI, XVII, 13, 70, Anm. 58
— Kunst der Absonderung (B) (ars abstrahendi) 70, 73
Ahnungsvermögen s. Erwartungsvermögen
αἰσθάνομαι, αἰσθητά, αἰσθητός, αἰσθητικός, αἰσθητική VIII, 79, 80
Analogie (analogia) 65, 75
analogon rationis XX, XXI, 79, Anm. 201
Anschauungsurteile (B) 70
Ästhetik (aesthetica) def. 17, 79ff., Anm. 80
— bezeichnende (aesthetica characteristica) 65
— der durchdringenden Einsicht (aesthetica perspicaciae) XIV, 39
— empirische (aesthetica empirica) XIV, 23
— kritische (aesthetica critica) XIV, 57
— Mantik als Teil der A. (mantica pars aesthetices) 55
— mythische (aesthetica mythica) 47
— der Phantasie (aesthetica phantasiae) 35
— als Metaphysik des Schönen 81
Aufmerksamkeit (B) (attentio) XVII, 13, 15, 45, 69

(noch Aufmerksamkeit (B))
— Kunst der A. (B) (ars attendendi) 69, 70, 73
Ausdruck VIII, IX, XII
Auslegekunst (hermeneutica) 65, Anm. 213

Beschränktheit (angustiae) 7
Beweismittel im weiteren Sinn (argumenta latius dicta) 7
Bewußtsein im engeren Sinn (conscientia strictius dicta) 17
Bezeichnungsvermögen (facultas characteristica) XII, XXI, 63—65
Blendwerk der Sinne (B) (praestigiae) 23, 25

Characteristica 75
Chimäre (chimaera) als falsche Erdichtung 45

Darstellung (proponere) VIII, IX, 17, 90, 91, 99
Denken (cogitare): Kunst des geistvollen und des scharfen Denkens 73
— Kunst des schönen Denkens XXI, 79
deutlich (B) (distincte, distinctus) 5, 9, 11, 13, 15, 17, 23, 35, 39, 55, 57, 63, 69, 70, 79, 80, 81
Dichtungsvermögen (facultas fingendi) XII, XXI, 45—49
dunkel, Dunkelheit (B) (obscu-

(noch dunkel, Dunkelheit (B)) rus, obscuritas) XIII, 7, 9, 11, 19, 23, 29, 35, 51, 55, 67
— Feld der Dunkelheit (B) (campus obscuritatis) 7
Dürftigkeit (B) (vilitas) der Erkenntnis 7

Einbildung (B) (imaginatio, phantasma) def. 29, passim
— stärkere und schwächere 33
— gleichzeitige, vorausgehende und nachfolgende 53
— Kunst der E. (ars imaginandi) 73
Einbildungskraft (B) (phantasia) 29—35
Einfluß (B) (influxus) 93
Einsicht, deutliche (B) 69
— Vermögen durchdringender Einsicht (perspicacia) XII, 35—41
einzelnes Ding (B) (individuum, singulare) 21, 31, 47, 87
— als durchgängig bestimmtes Ding 23, Anm. 34
— Idee als Begriff (Vorstellung) von einem e.D. (B) 9, Anm. 33
— ein Einzelnes und Wirkliches (individuum et actuale) 47
Empfindung (B) (sensatio) 17, passim
— innere und äußere (B) (interna, externa) 17, 19, 21, 23, 70, 71, 79
— Empfindungsgesetze (B) 70
— Empfindungskreis (B) (sphaera sensationis) 19, 21
— Kunst der Empfindung (ars sentiendi) 73
— Empfindungspunkt (B) (punctum sensationis) 19, 21
Empirik, ästhetische (B) (empirica aesthetica) XVII, 70, 73
— logische (B) 70

Entzückung (B) (ecstasis) 27, Anm. 106
Erfahrung (B) (experientia) 23, 71
— ästhetische Erfahrungskunst (B) 71
Erfindungskunst (heuristica) 65, 76, Anm. 213
Erkenntnis, anschauende (B) (cognitio intuitiva) 63
— grobe (B) (crassa) 7
— sinnliche (sensitiva) VIIf. 17, 69, 73, 82, 90
— sinnliche und lebhafte (B) 69
— symbolische (symbolica) 63
Erkenntniskraft, untere (B) 69
Erkenntnislehre, untere (gnoseologia inferior) XIIf., 17, 79
Erkenntnisvermögen, unteres (B) (facultas cognoscitiva inferior) Xf., 9—17, 79, 80
— oberes (B) (superior) XI, XVII, XXI
Erscheinung (apparitio, phaenomenon) XI, 17, 76
Erwartung ähnlicher Fälle (B) (exspectatio casuum similium) XXI, 59, 61, Anm. 201
— leere Erwartungen (B) (vana praesagia) 61
Erwartungs- und Ahnungsvermögen (B) (praesagitio) XII, 59—61, Anm. 198
Evidenz (evidentia) 17
extensiv/intensiv 15, 17

Fehler, sich einschleichender (vitium subreptionis) 23, 25, 45
— Erschleichungsfehler (B) 71
Feinheiten (subtilitates) 39
Fertigkeit (B) (habitus) 35, 37, 39, 55, 59, 61, Anm. 88
— angeborene und erworbene 39, 61

Sachregister

— eingegebene 39
— göttliche Fertigkeiten der Seele (B) 94
— natürliche und übernatürliche 39, 47, 61
Fülle (ubertas) XIV, 7
— schöne Fülle (venusta plenitudo) XI

Gedächtnis (B) (memoria) XII, XXI, 41—45
— Gedächtniskunst XIV, 45
— Ortsgedächtnis 43, Anm. 162
— Synchronismus 43, Anm. 163
Gedanken, schöne 83
Gefühl (B) (für Tastsinn) Anm. 85
Geist (Witz B) (ingenium) XXI, 37, 39, Anm. 140
Geister (B) (spiritus) als mit Verstand begabte Monaden 88
Geschmack (B) (gustus) 57, 82
Gewissheit (B) (certitudo) 15, 17
— sinnliche 15
Glanz (nitor) 15
gnoseologia s. Erkenntnislehre
Grad, Stufe (B) (gradus) 7, 13, 33, 35, 43, 51, Anm. 103
— der Realität Anm. 61 und 119
— der Vollkommenheit Anm. 79
Graphik (graphice) 65
Größe (B) (magnitudo) XIV, 7, 89, 90, 94
Grund (B) (ratio) 7, Anm. 30 und 42
— zureichender (B) (sufficiens) Anm. 7, 52, 95, 169, 194
Grund der Seele (B) (fundus animae) XIII, 5

hermeneutica s. Auslegekunst
heuristica s. Erfindungskunst

Idee (idea) 29, 31, 59, 61
— als Begriff von einem einzelnen Ding (B) Anm. 33
— ganze (totalis) 31
— materiale 29
Ideenassoziation (associatio idearum) 31
Individuum s. einzelnes Ding
Instrumentalphilosophie (philosophia instrumentalis) XV, 82
intensiv s. extensiv
Irrtum (B) (error) 7, 39, 41, 43, 45, 47, 55, 61, 67
— praktische Irrtümer (errores practici) 55

klar, Klarheit (B) (clarus, claritas) 5, 7, passim
Kraft (B) (vis) 7, 9, passim, vgl. Anm. 8
— Seele als vorstellende Kraft 3
— vorstellende Kraft der Seele 17
— Kraft der Seele, sich die Welt zu vergegenwärtigen (vorzustellen) 29, 39, 41, 45, 49, 57, 61, 63
Kunst (B) (ars) VII, XX
— der Absonderung (B) 70, 73
— Arzneikunst (B) 72
— der Aufmerksamkeit (des Aufmerkens) (B) 69, 70, 73
— der Beurteilung 57, 73
— der Bezeichnung und der Erkenntnis aus Zeichen 75
— des geistvollen und scharfen Denkens 73
— des schönen Denkens XXI, 79, 80
— der Einbildung 73
— der Empfindung 73
— der Erdichtung XVIII, 73
— der Erfindung 76, 77
— ästhetische Erfahrungskunst (B) 71
— freie Künste XX, 79
— des Gedächtnisses XIV, 45, 73
— der Traumdeutung 65
— zu vergessen (B) 70
— der Voraussicht und der Vorahnung XVIII, 73

Lebhaftigkeit der Vorstellungen (vividitas cogitationum) 15
Leib (B) (corpus) 86
Lexikographie 65, 75
Licht (B) (lux) XIII, Anm. 66
— Feld der Klarheit (des Lichtes) (B) 7
— Reich des Lichtes (B) 9
Logik (B) (logica) XIf., 3, 17, 69, 71, 80, 82, Anm. 80
— des untern Erkenntnisvermögens XIV, 17, Anm. 80
— la logique sans epines 80
— im weiteren Verstande (B) 69
logisch im weiteren Sinne XVI

Mantik (mantica) X, XIV, XVIII, XIX, 55, 59, 73—75
— als Teil der Ästhetik 53
Merkmal (B) (nota) XII, 5, 9, 11, 13, 15, 53, Anm. 66
— Nebenmerkmal (nota adhaerens) 31
Methode, das Methodische (methodus, methodicum) 7
Mittel (medium) 63, Anm. 212
Mythologie, philosophische (mythologia philosophica) 73

Nachtwandler (B) (noctambulus) 49
Neuheit, Licht der (lux novitatis) 25, 33, 53
natürlich, widernatürlich, übernatürlich (naturalis, praeternaturalis, supernaturalis) 27, 61, Anm. 107 und 110

Objekt (obiectum) 7, 27, 29
objektiv genommener Traum (somnium obiective sumptum) Anm. 174
Ohnmacht (B) (deliquium animi, syncope) 27, 29
Orthographie im weiteren Sinne (orthographia latius dicta) 65

phaenomenon s. Erscheinung
Phantasie (phantasia) 29—35
— zügellose und gezähmte 35
Philologie (philologia) 65, 75
Philosophie, organische (B) (philosophia organica) XVI, 69, 73, 82, vgl. auch Instrumentalphilosophie
Physik, versuchende (B) XVII, 72
Physiognomik XIX
praktische Irrtümer (errores practici) 55
Proportionen (proportiones) 37
Prosodie (prosodia) 65
Poetik und Rhetorik (poetica, rhetorica) VIII, IX, XIVf. 65, 77, 91

Realität (realitas) 7, 11, def. Anm. 21, 48, 49
— Grade der Realität Anm. 61
Redekunst (oratoria) 65
Reich der Finsternis (B) (regnum tenebrarum) 9
— des Lichtes in der Seele (B) (regnum lucis) 9

scharf (B) (acutus, acute) 19, 31, 51, 73
Scharfsinn (B) (acumen) 37, 39, 41, 45, Anm. 140
Schattenriss (sciagraphia) XV, 68
Scheinerinnerung (recognitio apparens) 47
Scheinerwartung (praesagium apparens) 63
Scheinvermutung (praesumptio apparens) 63
Schlaf (B) (somnus) 29, 65
Schöpferkraft (foetus) 39
Schwärmer (phantastae) 49
Schwindel (B) (vertigo) 27
Semiotik, Semiologie (semiotica, semiologia) 75
Sinn (B) (sensus) 17—29
— innerer und äußerer (B) (inter-

(noch Sinn (B))
nus, externus) 17
— die einzelnen Sinne: Tastsinn (Gefühl B) (tactus), Gesicht (B) (visus), Gehör (B) (auditus), Geruch (B) (olfactus), Geschmack (B) (gustus) 19
— Sinnesorgan (organon sensuum, organon sensorium) 19, 21, 57
— Werkzeuge der Sinne (B) Anm. 84
— Waffen der Sinne (B) XVII, 72, Anm. 228
Sinnestäuschung (Betrug der Sinne B) (fallaciae sensuum) 23, 25, 45, 70
sinnliche Erkenntnis s. Erkenntnis
— sinnliche Rede (oratio sensitiva) 76
Spiegelfechtereien (illusiones) 39
Spitzfindigkeiten (B) (inanes argutationes) 39, 94
Steigerung XIII, Anm. 27
Stellung (positus) def. Anm. 13 und 14 [49
— meines Körpers 5, 17, 29, 31,
Stufen der Erkenntnis (B) (gradus cognitionis) 7
stumpf (B) (hebes) 19, 31, 39, 51, 72, Anm. 152
Subjekt (subiectum) 13, Anm. 53 und 158
subjektiv (subiective) 15, 47, Anm. 53
Syntax (syntaxis) 65

Teilvorstellungen (perceptiones partiales) 5, 53
Theorie der freien Künste (theoria liberalium artium) XV, 79
— von den schönen Wissenschaften (B) 80
Tod (B) (mors) 29
Träume, subjektiv genommen (somnia subiective sumpta) 47
— Kunst der Traumdeutung (onirocritica) 65, 74
Trockenheit (B) (siccitas) 15
trunken (B) (ebrius) 27

Übereilung (praecipitantia) 23
Übereinstimmungen (identitates) 35, 37, 39, 41, 45, 47, 61, 63
— (consensus) def. Anm. 194
Überredung (B) (persuasio) 15, 17
Überzeugung (B) (convictio) 15, 17
Übung (B) (exercitium) 39, 59
Umnachtung (scotomia) 27
Umstände (B) (circumstantiae) 33, An. 127
Untervermögen (B) 82, vgl. Erkenntnisvermögen, unteres
Urteil der Sinne (B) (iudicium sensuum) 57
Urteilsvermögen (iudicium) XII, XXI, 55—59
— praktisch und theoretisch 55; 57

Verbindung (combinatio) als Vorstellung vieler Dinge in einer Einheit 45
Vergessen (B) (oblivio) 41
— Kunst zu vergessen (B) 70
Vergesslichkeit (B) (obliviositas) 43
Vernunft (B) XVI, 69, 80
Vernunftschlüsse (B) (ratiocinia) 23
Verrücktheit (B) (delirium) 49
Verschiedenheiten (diversitates) 35, 37, 39, 41, 57, Anm. 38
Verstand (B) (intellectus) XVII, 69, 80
— als Fähigkeit, deutlich zu erkennen, Anm. 36
Verständlichkeit (B) (perspicuitas) 15, 17

Verworrenheit, verworren (B) (confusio, confuse) 5, 7, 9, 11, 23, 35, 55, 70, 80
— Felder der Verwirrung (B) Anm. 20
— verworrene Vorstellung des Guten Anm. 41
Vollkommenheit/Unvollkommenheit (perfectio/imperfectio) 55, Anm. 46, 244, def. Anm. 194
— Vollkommenheitsgrade Anm. 79
Voraussicht, Vermögen der (praevisio) 49—55
Vorempfindungen (praesensiones) 55, Anm. 198
Vorstellung Anm. 9
— (cogitatio) 2, 14
— (repraesentatio) 2, 6, 10, 12, 16, 18, 20, 22, 24, 28, 38, 42, 48, 62, Anm. 41
— (perceptio) 4, passim
— erneuerte 41, 43
— falsche 25
— klare 25, passim
— schwächere 25, passim
— sinnliche 11, 79
— stärkere 25, passim
— verknüpfte 41, 43
— vielsagende (B) 9
— vorausgehende und begleitende andersartige 21, 23, 33, 37, 43, 51, 53, 55, 61, 65
— zukünftige 61
Vorstellungskraft (vis repraesentativa) XII, 17, 29, 39, 41, 45, 49, 57, 61, 63
— Seele als vorstellende Kraft (B) (anima vis repraesentativa) 3, 5

Wachsein (vigilare) 27, 29, 47, 65
Wahnvorstellung (leere Einbildung B) (vanum phantasma) 35, 45, 47, 61
Wahrheitsgrade XIV
Wiedererinnerung (reminiscentia) 43, Anm. 161
Wiederholung (reproductio) 35
Wirklichkeit (B) (existentia) def. Anm. 3
— der Seele 3—9
— Wirkliches (actuale) 47
Wirksamkeit (efficacia) 7
Wissenschaft des Schönen (B) XV, Anm. 80
— der sinnlichen Erkenntnis 17, 79, Anm. 80
— der Verbesserung sinnlicher Erkenntnis (B) 69
Witz (B) Anm. 140
Würde (B) (dignitas) 7, Anm. 51

Zeichen/ Bezeichnetes (signum/ signatum) 63, def. Anm. 212
Zeichenkunde (B) (facultas characteristica) 75, Anm. 208, vgl. Bezeichnungsvermögen
Zukunft (futurum) 49, 51, 53, 55
Zusammenhang (Verflechtung) (nexus) 23, 31, Anm. 18, 93, 98, 210
Zustand, vergangener, gegenwärtiger und zukünftiger (B) (status praeteritus, praesens, futurus) 17, 21, 23, 29, 49, 53, def. Anm. 96
— mein Z. und der Z. der Welt 17, 29, 49, Anm. 82
— von Körper und Seele 21, 23

TEXTE ZUR ÄSTHETIK

FRANZ BRENTANO
Grundzüge der Ästhetik

Aus dem Nachlaß herausgegeben und mit einem Vorwort von
Franziska Mayer-Hillebrand.
PhB 312. 1959. XXXIV, 259 S. Ln. 36,—

EDMUND BURKE
Philosophische Untersuchungen über den Ursprung unserer Ideen vom Erhabenen und Schönen

Aus dem Englischen übersetzt von Friedrich Bassenge. Neu eingeleitet
und herausgegeben von Werner Strube.
PhB 324. 1980. 283 S. Kart. 28,—

Burkes Untersuchung des Erhabenen und Schönen gilt mit Recht als *der* klassische Text einer empirisch begründeten sensualistischen Ästhetik: Erhabenes und Schönes sind unterschiedliche Komplexe sinnlicher Qualitäten, die mechanisch auf das Nervensystem einwirken und vermöge dieser Einwirkung bestimmte psychische Zustände hervorrufen. -In der Einleitung wird Burkes Ästhetik systematisch rekonstruiert, der »typologische Ort« aufgezeigt, der ihr in der Ästhetik des 18. Jahrhunderts zukommt, und die Geschichte ihrer Wirkung auf Kant und andere Philosophen im Aufriß dargestellt.

FRIEDRICH W. J. SCHELLING
Über das Verhältnis der bildenden Künste zu der Natur

Mit einer Bibliographie zu Schellings Philosophie der Kunst. Eingeleitet und herausgegeben von Lucia Sziborsky.
PhB 344. 1982. XXXIX, 92 S. Kart. 26,—

Diese Münchner Akademierede von 1807, stilistisch »das vollendetste aus Schellings Feder« (Karl Rosenkranz), bietet eine besonders geeignete Einführung in die Grundgedanken seiner Philosophie der Kunst. Die Neuedition legt den kritisch verglichenen Text der erweiterten Neuauflage von 1809 vor, dessen Bezüge insbesondere zur damaligen Ästhetik durch erläuternde Anmerkungen erschlossen werden. Den thematischen Gesamtrahmen der Schrift steckt eine systematische Einleitung ab. Die chronologisch angeordnete und auf Vollständigkeit bedachte Bibliographie zu Schellings Philosophie der Kunst ergänzt diese Ausgabe.

FELIX MEINER VERLAG · HAMBURG

ALEXANDER G. BAUMGARTEN
Theoretische Ästhetik

Die grundlegenden Abschnitte der »Aesthetica« (1750/58)
Lateinisch-Deutsch. Übersetzt und herausgegeben
von Hans Rudolf Schweizer.
PhB 355. 1983. XVIII, 238 S. Kart. 38,—

Mit der Veröffentlichung der zweibändigen »Aesthetica« löste Baumgarten ein, was er bereits in seiner Erstlingsschrift (PhB 352) als Desideratum erkannte, dann in seiner »Metaphysica« (vgl. PhB 351) im Ansatz präzisierte: die Ästhetik als eigenständige Disziplin, d.i. als »Wissenschaft der sinnlichen Erkenntnis«, systematisch zu begründen und zur Darstellung zu bringen. Der nachhaltige Impuls, der von Baumgartens Grundlegung ausging, verschaffte seinem Werk jedoch wirkungsgeschichtlich zunächst nur unter verkürztem Aspekt breite Resonanz: als dem ersten Entwurf einer besonderen Philosophie der Kunst. Das eigentliche Ziel der »Aesthetica« ist dagegen sehr viel weiter gesteckt: gegen Wolff, der die Formen der »sinnlichen Erkenntnis« noch dem »untern Erkenntnisvermögen« zurechnete, erweist Baumgarten das Eigenrecht der sensitiven gegenüber der rationalen Erkenntnis, postuliert er mit der Ästhetik eine eigene, von der Logik unabhängige »Wissenschaft der sinnlichen Erkenntnis«. Dieser erkenntniskritische Anspruch der »Aesthetica« wird besonders deutlich in Baumgartens Argumentation zur Definition der »ästhetischen Wahrheit«; die vorliegende Ausgabe konzentriert sich auf den entsprechenden Textabschnitt und gibt ihn - neben den »Prolegomena« und den vier einleitenden Paragraphen der »Aesthetica« - vollständig und in genauer, durch Erläuterungen ergänzter Übersetzung wieder.

Philosophische Betrachtungen über einige Bedingungen des Gedichtes

(Meditationes philosophicae de nonullis et poema pertinentibus.)
Lateinisch-Deutsch. Übersetzt und herausgegeben sowie mit einer
Bibliographie zur Ästhetik Baumgartens von Heinz Paetzold.
PhB 352. 1983. LX, 94 S. Kart. 32,—

Diese »Geburtsurkunde« der philosophischen Ästhetik ist die erste spezielle Veröffentlichung Baumgartens zu dieser von ihm wesentlich mitbegründeten Disziplin und erscheint am ehesten geeignet, unabhängig von dem metaphysischen und philosophiehistorischen Hintergrund des Textes auch dem Nicht-Philosophen eine prägnante Einführung in die Grundkonzeption der Baumgartenschen Ästhetik zu bieten. Auf für die Neuzeit bis dahin unbekannte Weise werden in ihr die Fragestellungen der philosophischen Ästhetik, die von denen der mit den Künsten befaßten Spezialwissenschaften grundsätzlich abweichen, in den neuen Horizont der Philosophie gerückt; damit ließ Baumgarten ein ganz neuartiges Bewußtsein von der Stellung der Kunst im Leben des Menschen sowie von der Eigenart der an der Kunst zu machenden Erfahrungen erkennen.

Stand: 1.4.1983

FELIX MEINER VERLAG · HAMBURG